La COULEUR *autrement*

COLLECTION AUTREMENT

La numérologie Autrement, M.L. Roth-Duquesne
L'Astrologie Autrement, M. Duquesne

COLLECTION ABC

ABC de la Morphopsychologie, C. Binet
ABC des Couleurs, D. Béresniak
ABC de l'Astrologie, D. de Caumon-Paoli
ABC de la Cartomancie, G. Sciuto
ABC de la Graphologie, M. Moracchini
ABC de la Parole facile, S.A. Bower
ABC de l'Hypnose, E. Barone et J. Mandorla
ABC de l'Astrologie Chinoise, D. de Caumon
ABC des Rêves, C. Genest
ABC du Yoga, M.F. Lemoine
ABC des Tarots, C.H. Silvestre
ABC du Yi-King, B. Ducourant
ABC de la Géomancie, A.M. Cacciaguerra
ABC du Magnétisme, J. Mandorla
ABC des Sciences Occultes, L. Maar et C.H. Silvestre
ABC de la Numérologie, J.D. Fermier
ABC des Prévisions Astrologiques, D. de Caumon

BRIGITTE GAUTIER

La COULEUR *autrement*

Directeur de collection
Michel Grancher

Comment dynamiser votre image.

JACQUES GRANCHER
EDITEUR

Du même auteur :
"Vivre avec ses couleurs" Ed. Dessain et Tolra,
coauteur Dominique Andrade.

Sommaire

Introduction

La couleur parle. Celle que nous portons, comme celle qui nous entoure, a des effets considérables sur notre bien-être mais aussi, sur la façon dont les autres nous voient.

La couleur nous désigne, nous personnifie. Elle véhicule de multiples messages et traduit, en même temps, l'expression de notre personnalité. On ne la choisit jamais au hasard. Vecteur de communication entre les êtres, la couleur établit un code de langage qui permet de se faire mieux comprendre. Son langage n'est pas fait de mots mais de lignes, de formes, de matières, de symboles... Choisie le plus souvent pour se faire plaisir ou comme un gadget plein d'humour, on en oublie son pouvoir de communication.

Paloma Picasso, remarquée, belle et célèbre, est régulièrement élue une des dix femmes les mieux habillées du monde*. Elle s'habille, il est vrai, chez les plus grands couturiers, mais cela n'explique pas tout. Elle nous charme par la simplicité de son élégance, la vérité de son personnage. Privilégiant les lignes pures relevées de quelques notes excentriques, elle ne se reconnaît qu'en ROUGE et NOIR : contraste de deux couleurs qui expriment si bien la force, la maturité, l'exigence et le style de sa personnalité.
Sonia Rykiel affirme quant à elle que "l'habit ne fait pas le noir"** et se plonge, à corps perdu, dans toute son indécence, unique, choquante, majestueuse, renforcée encore par l'insolence de ses cheveux d'un rouge flamboyant. Elle n'existe qu'en NOIR, caractère entier, sans concession aucune, où il n'y a de place que pour l'essentiel.

Si le vêtement a bien son langage, sa couleur parle pour lui et même avant lui. Comme la gestuelle, les attitudes, le regard, la position du corps dans l'espace ou l'allure vestimentaire, la

*Marie-Claire
**"Sonia Rykiel"

couleur fait partie du non-dit, de cette communication non verbale qui influence nos perceptions et nos jugements. Elle provoque en nous des sensations, des impressions agréables ou désagréables et révèle nos motivations : luxe, élégance, séduction, dynamisme, jeunesse, autorité, sympathie, assurance, confiance...
La couleur permet d'attirer l'attention, de concentrer les esprits sur le contenu d'un message et de lier son discours à son image ou inversement.
Elle va aussi modifier l'expression du visage, allonger ou structurer sa forme, adoucir ou dynamiser son regard. La couleur apporte des solutions simples et efficaces à tous les problèmes d'apparence et offre la possibilité de changements légers et ludiques. Une touche de couleur sur un vêtement, un rouge à lèvres, un reflet dans les cheveux ou une nouvelle impression sur sa cravate et déjà on se sent mieux ! D'un effet imperceptible parfois, la couleur peut changer bien des choses; on se sent, tout à coup, plus communicatif, plus serein. Le regard des autres est subitement détourné de ce qu'on voulait lui cacher à tout prix; un peu comme si l'harmonie, née sur soi, irradiait l'entourage. Bien choisie, en fonction d'un visage, d'un discours ou d'un environnement, la couleur valorise l'image de celui qui l'habille. Elle témoigne de la sincérité d'une relation et de l'authenticité d'une personne.

Avec la couleur, on ne triche pas. S'il surgissait le moindre décalage entre ce que l'on est et ce qu'elle exprime à travers sa teinte mais aussi sa matière ou sa forme, son impact irait à l'encontre de toutes nos espérances et l'on parlerait alors de fausses notes ou de mauvais goût.

Comment choisir, alors, ses couleurs ?

Faut-il suivre la mode, n'écouter que son intuition, se laisser influencer consciemment ou non par tel événement ou telle personne ?

La démarche de ce livre propose de sortir des schémas acquis et de se tourner résolument vers la nature. Devant tant de subjectivité, la nature nous donne, en effet, des repères pour mieux cerner nos sensations de couleurs : ce sont les harmonies de tons préétablies que l'on retrouve à travers les saisons. Elles offrent, en effet, une foule de renseignements à exploiter. Il suffit, alors, d'apprendre à se regarder, comprendre sa vraie nature, pour découvrir les couleurs qui lui correspondent.
L'harmonie naturelle du visage (reflets du teint, des yeux, des cheveux), le style, la morphologie, le cadre dans lequel on évolue et le message à faire passer sont autant d'informations à prendre en compte pour découvrir sa saison et y adapter son choix de couleurs.

Et VOUS ?
Comment voyez-vous votre harmonie naturelle ?
Quels sont les reflets de votre teint, de vos cheveux ?
Quelle est la couleur de vos yeux ?
Quels sont les tons que vous aimez ?

Répondez, dans un premier temps, à toutes ces questions pour mieux comprendre le sens de vos couleurs et découvrez, au hasard des quatre saisons, celles qui vous correspondent le mieux.
Faites le **TEST** de vos meilleures nuances et harmonisez vos vêtements, votre maquillage, vos cheveux ou vos accessoires à votre personnalité.
La couleur est à portée de votre image. Sachez la décliner en multiples variations et profiter de son pouvoir et de sa beauté.

Quelles sont vos couleurs ?

La couleur enveloppe les racines de la création
L'être se nourrit des couleurs qu'il ressent
Habille son corps de ces "morceaux de soi".

Kate Lys

VOTRE HARMONIE NATURELLE

La relation de chaque être avec les couleurs touche au plus profond de sa personnalité. On se sent bien dans telle couleur, mal à l'aise dans telle autre. Les couleurs agissent sur notre moral, notre bien-être et sur notre apparence. Certaines vont mieux aux blondes, d'autres aux brunes. Certaines font le regard plus vif, d'autres donnent carrément triste mine. Ce n'est pas la couleur en soi qui importe car toutes méritent notre attention mais la couleur par rapport à soi.
Qui penserait habiller, d'une teinte aussi intense que le *rouge vif espagnol,* une personne avec un teint diaphane, des cheveux blond doré et des yeux clairs ? A moins de vouloir délibérément heurter le regard, un rouge tendre, savamment dosé de rose et de jaune comme le rouge corail, relèverait probablement mieux l'expression de son visage. La couleur n'est jamais isolée; elle joue avec la lumière de vos yeux, les reflets de votre teint et ceux de vos cheveux.
Le choix de vos meilleures couleurs va ainsi dépendre de votre harmonie naturelle, c'est-à-dire des trois éléments fondamentaux qui composent votre visage :

LA COULEUR DE VOTRE CARNATION

LA TEINTE DE VOTRE IRIS

LES REFLETS DE VOS CHEVEUX

VOTRE CARNATION

La peau se colore grâce à la présence d'un pigment, *la mélanine,* située dans la couche basale de l'épiderme. C'est elle qui donne à votre teint sa couleur, mêlée de brun, de jaune et de rouge avec la prédominance de l'un ou de l'autre : une harmonie unique et personnelle que la lumière fera varier en intensité.
Toutes les sortes de teints peuplent la terre comme les peaux blanches aux reflets blanc-rosé (type nordique) ou beige plus mat (type méditerranéen), les peaux noires aux reflets bleutés ou cuivrés, les peaux de type asiatique avec une pigmentation à dominante jaune ou rouge.
Selon les pays, les régions, la lumière, les climats, les couleurs de peau varient infiniment.
Une fois déterminée à la naissance, la vôtre conservera le même ton de base; sa couleur est inscrite, en quelque sorte, dans vos gènes. Elle pourra cependant évoluer en plus claire ou plus foncée, en plus terne ou plus lumineuse sous l'effet du climat mais aussi suivant votre état de santé.
Selon la nature de votre teint, vous choisirez de porter les couleurs qui s'harmoniseront à ses colorations naturelles.

Observez votre carnation à la lumière du jour et comparez-la aux couleurs de teint les plus répandues.

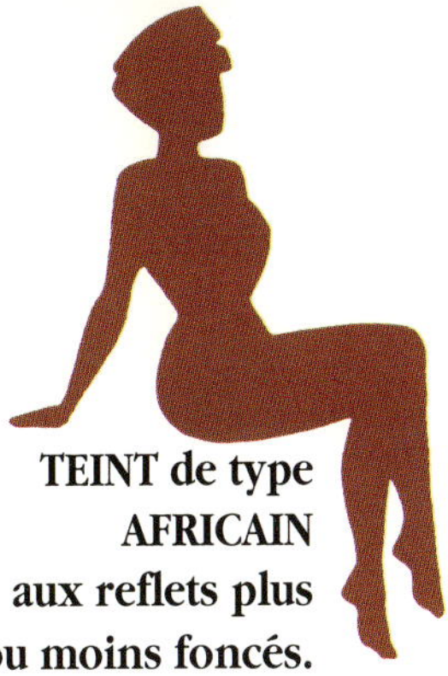

TEINT de type AFRICAIN aux reflets plus ou moins foncés.

TEINT CLAIR, BEIGE ROSÉ (type nordique).

TEINT TRÈS BLANC à reflets plutôt bleutés.

TEINT de type ASIATIQUE aux reflets beige foncé, olive.

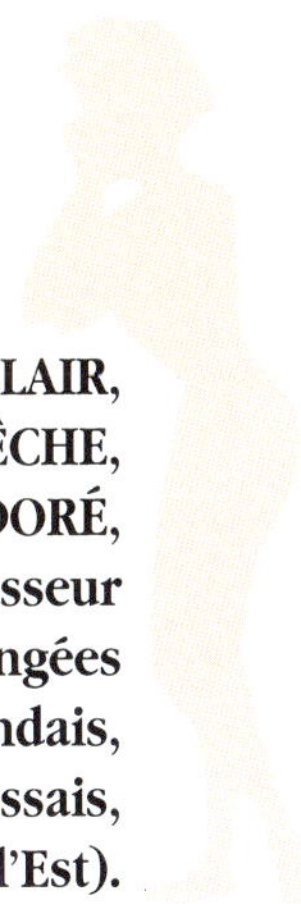

TEINT CLAIR, PÊCHE, BEIGE DORÉ, taches de rousseur presque orangées (type irlandais, écossais, européens de l'Est).

TEINT BEIGE, MAT (type méditerranéen).

TEINT CLAIR, IVOIRE, BEIGE CUIVRÉ, taches de rousseur assez foncées (type anglo-saxon, certaines peaux orientales ou asiatiques très cuivrées).

VOS YEUX

"L'oeil est le miroir de l'âme"

Votre regard parle, avant même d'avoir prononcé un seul mot; *"il peut être agressif, conquérant, direct, confiant, chaleureux, peureux, sombre, hypocrite, glacial ou vide..."
Votre regard traduit vos pensées et vos émotions. La pupille et l'iris y jouent un grand rôle.
Chacun sait combien la pupille, sous l'effet d'émotions, peut se dilater, le regard devient, alors, incontestablement plus présent, plus chaud. Lorsque la pupille se rétracte, il se fait au contraire plus distant, plus froid.
Quant à la couleur des yeux, elle est inscrite dans la pigmentation même de cette fine membrane opaque qu'est l'iris : bleu, vert, brun ou composé de nuances diverses (yeux vairons, pers...).
Le tour de l'iris peut être cerclé d'un anneau plus sombre qui donne souvent plus de force et d'intensité au regard, quelquefois même un peu de froideur.

Comment voyez-vous votre regard ?

*La communication c'est comme le chinois, cela s'apprend

REGARD VIF :
bleu intense **cerné d'un anneau plus sombre.**

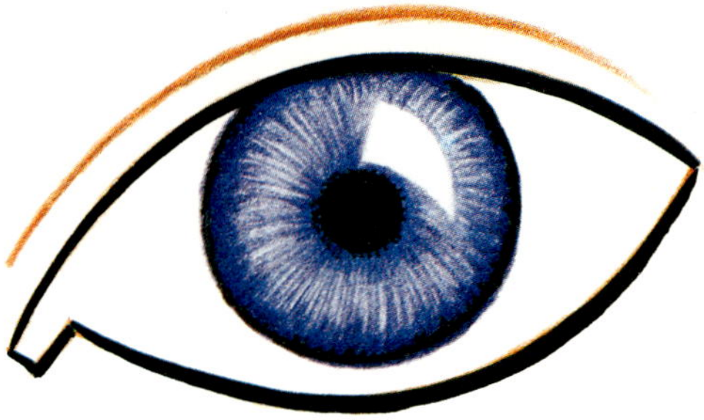

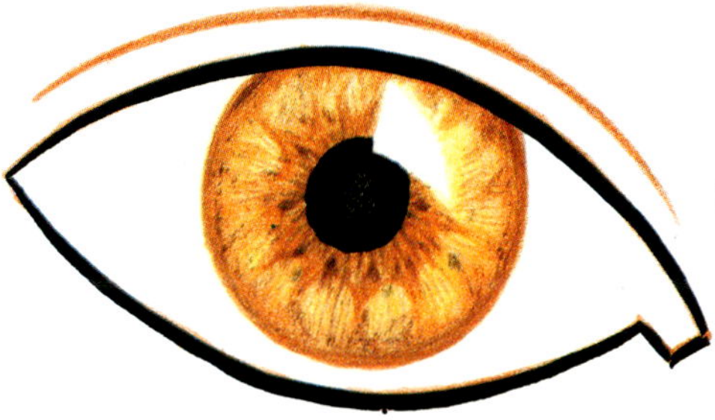

REGARD INTENSE, LUMINEUX
avec des reflets dorés :
iris foncé, *brun, vert ou bleu-vert* avec des pépites dorées. Anneau peu marqué autour de l'iris.

REGARD CLAIR, plutôt DORÉ :
yeux pers, avec un iris souvent composé de plusieurs teintes avec une dominante de *vert.*

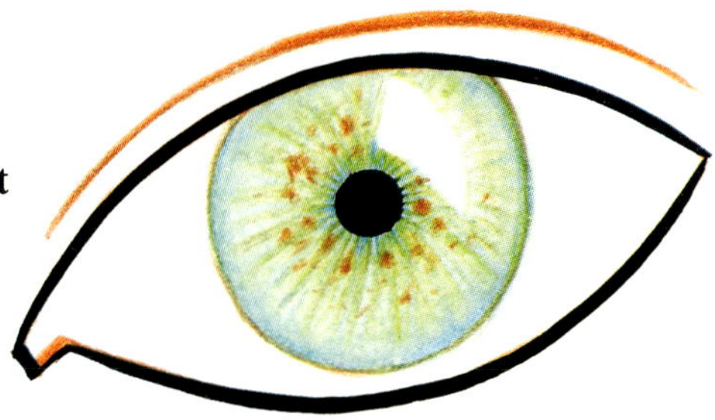

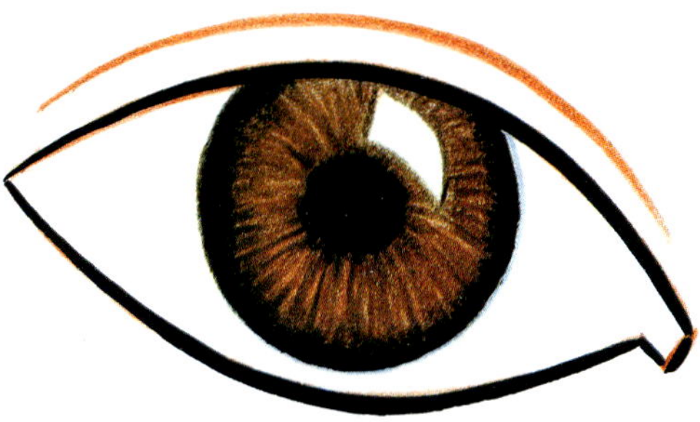

REGARD INTENSE, PROFOND
quelquefois un peu sévère ou froid : iris foncé, *brun, vert*. Anneau *gris ou brun foncé.*

REGARD CLAIR, plutôt FROID :
iris *bleu, gris, vert ou noisette* entouré d'un anneau grisé.

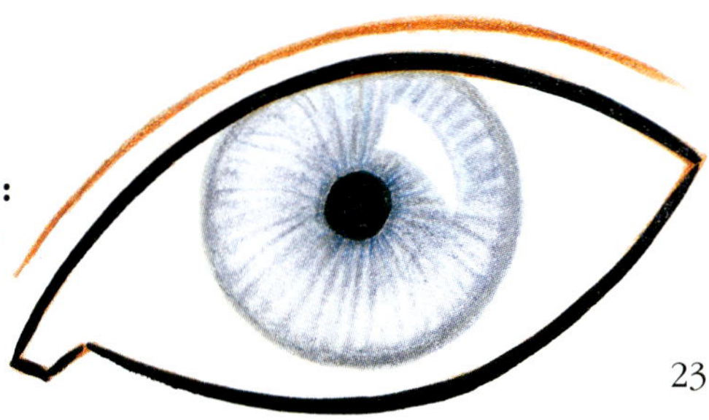

VOS CHEVEUX

Les teintes des cheveux se divisent en trois grandes familles de couleurs : **les bruns, les châtains et les blonds.**
L'une d'entre elles correspond à votre couleur naturelle, celle de votre enfance. Chacune de ces familles présente une grande variété de nuances, claires ou foncées, et de reflets, cendrés, dorés ou cuivrés. Des caractéristiques essentielles, pour le coiffeur, qui lui indiquent, notamment, le type de coloration le mieux adapté. Bien sûr, comme votre carnation, vos cheveux peuvent foncer ou éclaircir au fil des années. Le climat, l'apparition des premiers cheveux blancs vont sensiblement modifier leur nature. Vous en tiendrez compte pour choisir les coloris de vêtements et de maquillage à adopter.
Vous êtes brun, votre couleur intense et uniforme présente peu de reflets.
Vous êtes châtain ou blond, vos reflets peuvent être cendrés, dorés ou cuivrés.

Quelle est la couleur de vos cheveux ?

Brun, châtain foncé.

Châtain doré ou châtain cendré.

Blond clair à blond foncé cendré.

Blond cuivré, châtain cuivré et auburn.

Blond doré.

QUELLE EST VOTRE HARMONIE NATURELLE ?

A partir des caractéristiques de votre harmonie naturelle (teint, yeux, cheveux) vous allez vous comparer aux couleurs des quatre saisons.
En effet, comme par magie, à chaque saison, la nature recrée une véritable mosaïque de tons harmonieux et votre visage peut tout naturellement s'y comparer; une manière, en somme, de retrouver le "fil" de votre nature.

Etes-vous :
Blond comme les blés ?
Brun au regard perçant ?
Rousse flamboyante ?
Châtain doré comme le miel ?
Avez-vous un teint clair,
mat ou légèrement bistre ?
Une peau couleur de lait,
d'ambre ou d'abricot ?

Comparez votre visage aux couleurs des saisons et découvrez celle qui vous ressemble ?

Et si vous étiez une saison ?

Le visage humain
fut toujours mon grand paysage.
Colette

L' HARMONIE DES SAISONS

La nature a tout inventé, multitude de nuances qu'il nous suffit de ramasser au gré des saisons. Aucun ton n'est là par hasard. Tous se justifient les uns par rapport aux autres; ensemble, ils permettent cet accord harmonieux qui se renouvelle chaque année sans jamais nous lasser.

Présence du **noir** en **hiver** comme s'il fallait bien marquer la confrontation des couleurs franches : ciel bleu intense, champ de neige étincelant, coucher de soleil rougeoyant ...

Vert-jaune au **printemps** pour aider la nature à renaître et accompagner tous ses tons délicats.

Bleu ciel en **été**, comme si, à force de soleil, la couleur s'effaçait peu à peu et devenait pastel.

Jaune d'or, enfin, qui s'éteint peu à peu au rythme des nuits froides pour mieux ressembler à tous ces tons feutrés de l'**automne**.

Chaque saison exprime un caractère de couleurs particulier à travers une tonalité de base (bleutée ou dorée) et une intensité (claire ou foncée).
Votre visage, comme la nature, s'est créé sa propre harmonie à travers les reflets de son teint, de ses cheveux et la coulcur de ses yeux. Deux harmonies incroyablement parallèles qui vont se chercher, se confronter et se découvrir pour n'en faire plus qu'une.
C'est la préoccupation continuelle des peintres en matière de choix de couleurs qui amena Johannes Itten* à révéler l'existence d'une correspondance entre l'harmonie des saisons et celle des visages.

*Johannes Itten (1888-1967) enseigne au Bauhaus à Weimar aux côtés de Wassily Kandisky et Paul Klee; il écrit une théorie de l'enseignement des lois de la couleur développée dans "l'Art de la couleur".

Au moment où il enseigne à l'école du Bauhaus (Weimar) vers 1920, il découvre, en effet, que la notion d'harmonie des couleurs n'est pas uniformément partagée par tous ses élèves, mais au contraire qu'il existe ce qu'il appelle des "accords subjectifs de couleurs" différents selon le type physique des individus.
Pour lui, il est indispensable d'en tenir compte avant de pouvoir établir une loi objective de l'harmonie des couleurs.
*Lors d'un cours qu'il donne à Berlin, à cette même époque, Itten demande à ses élèves de peindre des accords de couleurs, définis préalablement. Au bout de quelques instants, il se produit un profond malaise; les élèves s'agitent fortement et déclarent tout simplement que ces accords dictés ne leur apparaissent pas d'une composition harmonieuse, mais qu'ils les trouvent, au contraire, "désagréables et discordants". Itten leur propose, alors, de peindre les accords qu'ils estiment eux, personnellement, agréables et harmonieux. Ce qu'ils font sans attendre... Au bout d'une heure de travail, ils posent leur feuille à même le sol.
Elles étaient toutes différentes les unes des autres. Itten les ramasse aù hasard et les tend à leurs auteurs sans jamais se tromper sur leur appartenance.
Au grand étonnement des élèves, il constate que le dessin placé sous le visage de celui qui l'avait réalisé lui correspond physiquement, c'est-à-dire que, non seulement les couleurs projetées représentent pour chacun ce qu'il ressent comme étant des coloris harmonieux, mais, en plus, ces couleurs s'harmonisent parfaitement à son visage. Il se produisait "une concordance étrange entre l'expression colorée des visages et les accords de couleurs". Comme Itten l'explique lui-même, dans son ouvrage "L'art de la couleur"**, "l'élève au teint clair, aux cheveux blonds et aux yeux bleus considérait comme harmonieux des accords de couleurs très pures", de rose et de bleu, de gris clair, de jaune et de vert.
L'élève aux cheveux roux dessinait des "accords de couleurs

*"Vivre avec ses couleurs"
**L'Art de la couleur

fondamentales, jaune, rouge, bleu en des suites de contrastes très forts".

Celui, enfin, aux cheveux noirs, à la peau mate et aux yeux bruns se situait dans les tons sombres, "le noir ayant une fonction importante à remplir dans un ensemble de tons très colorés".

Ses observations ont été reprises dans le monde entier et on ne compte plus, notamment aux U.S.A., le nombre de firmes de cosmétiques qui les utilisent comme repère pour mieux adapter les couleurs de leurs palettes à leurs clientes. Cela répond certainement à l'exigence de plus en plus marquée des consommateurs et consommatrices vis-à-vis de la mode. L'époque où elle s'imposait sans avoir besoin de se justifier est bien révolue !

Connaître ce qui nous va bien, n'est-il pas encore le meilleur argument face au vendeur qui voudrait nous imposer son point de vue ?

Johannes Itten n'a jamais été autant d'actualité. Aurait-il imaginé qu'en prônant son attachement à l'expression des sensibilités individuelles et à la mise en avant de la personnalité, il puisse, à ce point, nous donner les moyens de mieux connaître ce qui nous va et de composer nos harmonies en accord avec celles de la nature ?

De quelle saison vous sentez-vous la plus proche ? Correspond-elle aux couleurs que vous aimez ?

Etes-vous printemps ?

Festival d'arpèges qui
allument les rêves,
le Printemps frissonne aux
couleurs de l'attente.

COULEURS DU PRINTEMPS

La nature renaît après l'hiver, c'est le temps des tonalités lumineuses. Les couleurs éclosent avec une présence très forte de **jaune** et de **vert.** Sous un puissant jaune soleil, les bourgeons des plantes et des fleurs s'ouvrent, rose, lilas, bleu pervenche sur fond de vert pré. Brassée de fleurs jaunes aux nuances chaudes et brillantes mêlées de verts aquatiques et veloutés, jade ou turquoise.

Le printemps apporte des teintes tendres et délicates qui empruntent à la jeunesse, ses rires et sa joie de vivre.

Vibrations acidulées, **champagne, pêche, rose thé, corail, rose orangé, vermillon, bleu lavande, bleu-vert, violet lumineux** sur fond de **brun doré, gris doux et marine clair.**

Matières naturelles ou synthétiques, fluides, transparentes, pailletées et changeantes.

Imprimés "impressionnistes", mélanges savants de plantes, de fleurs ou d'insectes. Chant fleuri où résonnent les sons mélodieux du violon et du clavecin.

Odeurs de jasmin, de rose poivrée, de vanille, d'anis frôlées par celles des mandarines et de la fleur d'oranger.

VISAGE PRINTEMPS

Visage délicat à l'image de sa saison, peau transparente, fragile, parsemée de taches de son.

Teint très clair aux reflets d'ambre et de pêche avec de subtiles colorations rosées au niveau des joues.

Des yeux clairs, d'une couleur presque indéfinissable et changeante : bleu pâle, vert tendre, gris clair, brun clair...

Visage plein de fraîcheur et de vitalité entouré de toute la lumière de ses cheveux blonds aux reflets dorés.

Femme-fleur, fleur de printemps ... son visage ne supporte pas les nuances froides (bleu ciel, rose bonbon) ni trop foncées (noir, brun foncé) et réagit mal aux effets du soleil.

Ce visage vous ressemble ?

Vous êtes printemps comme de nombreux Français de l'Est, d'Anglo-Saxons d'Irlande ou d'Ecosse, d'Européens de l'Est, de Pologne ou d'URSS.

Confrontez votre intuition de couleurs au test p.77.

Regard, teint clairs et dorés, cheveux blond doré ou cuivré.

PRINTEMPS CÉLÈBRES

Merryl Streep, Isabelle Huppert, Patricia Kaas, Valérie Mairesse, Agnès Soral, Claire Brétecher, William Leymergie, André Dussollier, Boris Becker...

Etes-vous été ?

Acide, profond, pastel,

Été gourmand,

sa couleur est offrande

au délire du plain-chant.

COULEURS DE L'ÉTÉ

Une saison à jouer tout en nuances, couleurs pastel ou éclatantes de vie. L'été vibre de tons doux comme le **rose poudre, vert d'eau, bleu ciel ou gris perle.**
Le soleil torride a gommé les couleurs, elles apparaissent moins fortes, plus grisées: bleu gris, brun rosé ou jaune clair. Tons éclaircis à l'extrême pour surprendre un regard plein de fraîcheur et d'innocence.
Déclinaison de blancs nuancés, crème, vanille, perle de rose, qui expriment à la fois pureté, douceur, finesse et éclat. Aquarelle d'harmonies qui n'oublie pas l'envie de bleu profond et la gourmandise des fruits rouges.
Le rouge frais, gai et chaleureux atteint ici toute sa plénitude : **rouge bleuté, framboise, cerise, pastèque, cassis, prune, orchidée, fuchsia clair ...**
Il répond à la présence inévitable de nombreux tons de **vert, vert-bleu profond, menthe à l'eau, émeraude ou turquoise.**
Matières légères et transparentes, soyeuses et satinées. Coup de pinceau en camaïeu.
Odeurs de rose, de muguet, de camélia, de citron vert ou d'aubépine, subtil mélange qui s'accorde à l'écho d'une sonate à quatre mains.

VISAGE ÉTÉ

Visage à peau claire, transparente et rosée. Teint frais et sensible qui accompagne la douceur d'un regard cristallin et l'éclat de cheveux blonds.
Des yeux bleus, verts, noisette ou gris-bleu qui refusent le choc de couleurs trop voyantes. Visage qui rappelle la fraîcheur de l'enfance et aime à donner une image naturelle de lui-même. Le soleil y dépose un hâle très léger et peut couvrir la peau de taches de rousseur. Séduction-tendresse. Séduction d'une beauté presque inaccessible.

Ce visage vous ressemble ?

Vous êtes ÉTÉ comme de nombreuses personnes originaires des pays du Nord, Scandinavie, Allemagne, France du nord de la Loire...

Reportez-vous au test de couleurs p.77.

Teint rosé, regard clair et cheveux blonds ou châtain cendré.

ÉTÉ CÉLÈBRES

Grace Kelly, Lady Diana, Brigitte Fossey, Marie Dubois, Gabrielle Lazure, Emmanuelle Béart, Vanessa Paradis, Jane Birkin, Arielle Dombasle, Jacques Dutronc, Bruno Cremer, Guillaume Durand...

Etes-vous automne ?

Explosion de couleurs

échancrées,

coiffées de luxe roux,

flammées d'or à la cime.

COULEURS DE L'AUTOMNE

Une symphonie d'or et de cuivre dont le thème se joue sur la gamme de l'automne avec des notes flamboyantes.
Nuances chaudes et attachantes de **jaune d'or, safran, fauve, terre de Sienne ou mordoré.**
Force de coloris intenses, tout feu tout flamme, sur fond de tons bruns, camaïeux de **beige, miel, caramel** allant jusqu'au **brun poutre, havane, châtaigne**, merveilleux faire-valoir du jaune.
Des tons dorés, chaleureux, sophistiqués aux parfums de fleurs séchées et d'épices.
Présence importante de **vert, mousse, bronze, kaki,** aux nuances sourdes qui renforce les ambiances de sous-bois et contraste avec la puissance d'un **rouge cramoisi, orangé, vermillon, brique, rouille ou cuivré.**
Style rustique ou ethnique qui met en scène des dessins généreux, motifs anciens ou rayures multicolores. Accords de tons avec les matières brutes, mates et laineuses sans oublier la solidité du cuir, les impressions en relief, chinées ou flammées.
Couleurs inspiratrices de musique baroque qui se mêlent aux senteurs d'orient, aux vertiges du musc et du santal.

VISAGE AUTOMNE

Personnalité fascinante, flamboyante de la tête au pied, cheveux naturellement cuivrés, "crinière incendiaire pour éblouir l'entourage".
Visage au teint clair, doré aux reflets d'ambre, de pêche ou d'abricot. De nombreuses taches de rousseur viennent renforcer la fragilité de la peau qui bronze difficilement comme tous les teints de roux.
Un regard lumineux, brun, vert ou turquoise où de petites pépites dorées viennent ajouter encore un peu de chaleur.

Ce visage vous ressemble ?
Vous êtes AUTOMNE comme de nombreux Anglo-Saxons ou Italiens du nord...
Reportez-vous au test de couleurs P.77.

Teint clair doré, regard lumineux, cheveux auburn ou blond cuivré.

AUTOMNE CÉLÈBRES

Shirley Mac Laine, Katharine Hepburn, Marlène Jobert, Julia Roberts, Faye Dunaway, Mia Farrow, Régine Deforges, Sabine Azéma, Bernard Rapp, Patrick Poivre d'Arvor, Alain Gillot-Pétré.

Etes-vous hiver ?

Musique d'Hiver

où tonne la lumière,

piaffent les désirs

et se taisent les déserts.

COULEURS DE L'HIVER

Une saison qui hausse le ton avec des couleurs pures et revigorantes : vitalité des ciels bleus et transparence des matins gris.
Couleurs sensation qui s'appellent **rouge carmin, bleu outremer, rose tyrien, violet cardinal ou jaune citron.**
Une gamme qui aime jouer le choc des contrastes, qui marie le **vert** et le **bleu**, le **blanc** et le **noir** et qui ose les alliances nouvelles de **rose** et de **rouge.**
Pas de demi-teintes ni de pastels trop fades, mais la présence de teintes givrées comme le **bleu glacier, le vert d'eau ou le rose perlé** qui vous réservent un effet saisissant.
Ambiance futuriste ou intemporelle pour une silhouette sophistiquée ou très épurée.
Effets de matières mates ou satinées à l'aspect chintzé, glacé au toucher, fluide ou plombant.
Impressions graphiques; dessins abstraits, géométriques, marbrés sur fond uni.
Parfum de contraste qui met en scène des odeurs à la fois sensuelles et envoûtantes où se mêlent des effluves de notes fleuries, des images de fjords glacés et des senteurs nouvelles.
Musique contemporaine où les sons s'entrechoquent et où la mélodie s'affirme résolument moderne.

VISAGE HIVER

Visage d'une grande personnalité qui sait jouer de son regard : ses yeux bruns, bleu vif, noirs ou verts défient, par leur intensité, la couleur qui les accompagne. Son teint blanc, beige, mat ou noir sans coloration naturelle au niveau des joues, appelle des couleurs toniques.
Les peaux mates bronzent d'une façon durable et intense.
Visage de forme souvent typée, il s'adapte à tous les excès.

Ce visage vous ressemble ?

Vous êtes HIVER comme la plupart des habitants du sud de la planète, pays méditerranéens, asiatiques, africains.
Vérifiez votre intuition p.77.

Teint blanc, beige ou coloré, regard intense, cheveux bruns ou châtain cendré.

HIVER CÉLÈBRES

Elisabeth Taylor, Isabelle Adjani, Caroline de Monaco, Anne Sinclair, Béatrice Dalle, Jeanne Mas, Mathilda May, Carole Bouquet, Alain Delon, Francis Huster, Julien Clerc, Omar Sharif, Richard Berry,Yannick Noah...

Mieux connaître la couleur

"La couleur exprime par elle-même quelque chose,
c'est de cela dont on doit se servir"

Van Gogh

COULEUR LUMIÈRE

La notion de couleur s'inscrit dans la qualité même de la lumière. Les rayons qu'elle nous envoie sont, en fait, des radiations électromagnétiques que notre perception visuelle transforme en sensations de couleurs. Ces radiations, de longueurs d'ondes différentes*, provoquent, dans l'œil humain, des sensibilités particulières à la couleur qui vont, pour l'ensemble du spectre visible, du violet foncé au rouge en passant par le vert et le jaune. En deçà et au-delà, ce sont les ultra-violets et les infrarouges qui, eux, ne nous procurent aucune sensation visuelle.

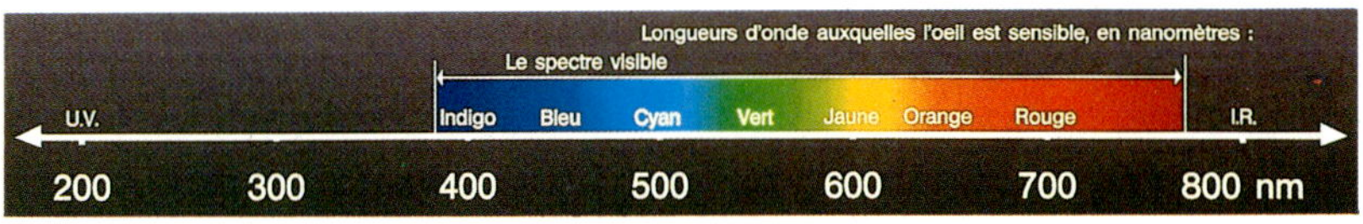

Longueurs d'onde de l'énergie lumineuse.

On prend ainsi, quotidiennement, un véritable "bain de couleur"; la lumière du matin est souvent plus froide (bleuâtre) et celle du soir plus chaude (rouge).
Toutes les couleurs nous sont vitales et si l'on devait vivre, assez longtemps, sous une lumière non équilibrée, privée d'une ou de plusieurs de ses radiations colorées, cela provoquerait en nous, incontestablement, des désordres physiologiques, psychosomatiques ou même mentaux.
La couleur à travers son énergie lumineuse crée une des conditions de vie possible sur terre. Chaque vibration de rayon coloré se mesure en nanomètre (milliardième de mètre), le rayon bleu nous arrive à une vitesse de 400 nm et le rouge 700 nm. Cette vitesse d'émission influence notamment la perception que nous avons des couleurs ; le bleu nous paraît plus lointain, plus distant, tandis que le rouge nous semble plus proche, déjà plus envahissant.

*Présence de la couleur

Notre organe visuel, habitué depuis toujours à fonctionner avec ces propriétés de la lumière solaire, ne peut juger ou comparer des couleurs sans éprouver le besoin de retourner à la lumière du jour, sa seule référence. Les teintes nous y semblent plus vraies, plus faciles à apprécier.
Mais "la perception des couleurs ne se limite pas à un enregistrement fidèle des longueurs d'ondes. Au contraire, elles donnent lieu à une diversité de sensations"*.
La couleur agit sur l'inconscient et fait naître en nous des sensations agréables ou désagréables : elle réveille des souvenirs personnels ou collectifs.
Et si personne ne voit la couleur de la même façon, c'est bien parce que personne ne la ressent d'une manière identique.
L'œil voit mais, par l'intermédiaire du nerf optique, il transmet au cerveau l'information qu'il reçoit; c'est ce dernier qui aura pour rôle de l'analyser, la décoder, l'associer à des événements positifs ou négatifs avec toute la subjectivité dont il est capable.
La vision d'une personne habillée, par exemple tout en rouge, fera réagir son entourage selon les associations de reconnaissance que cette couleur va susciter. Pour certains, cela induira une idée d'action, de dynamisme, pour d'autres, au contraire, un sentiment de malaise ou d'agressivité.
D'autres paramètres influencent notre perception des couleurs comme la nature même de l'objet qui la représente, mais également sa matière, sa forme et le degré de clarté ou de saturation de la teinte elle-même (son poids).

*Couleur et communication

COULEURS CHAUDES ET COULEURS FROIDES

Les sensations de couleurs chaudes et froides proviennent aussi de la qualité de la lumière; une lumière bleutée (lumière du nord) nous apparaît plus lointaine et plus froide qu'une lumière jaune ou rouge (lumière du sud).
Nous leur associons fréquemment des éléments, tels que l'eau et le feu, ancrés dans notre mémoire collective pour exprimer invariablement le froid et le chaud.
Nous sommes, là aussi, dans un monde de perception et de sensation où nous apparaissent froides, les teintes les plus proches du bleu et chaudes, celles plus proches du jaune ou du rouge.
En matière de goût, les couleurs froides exprimeront des saveurs plutôt amères et les couleurs chaudes des saveurs plus douces*.

Quelle sensation provoquent en vous le jaune et le bleu ?

*Couleur et communication

Sensations de Couleurs chaudes

Sensations de Couleurs froides

COULEUR ET MATIÈRE

La matière sur laquelle repose la couleur, en d'autres termes sa texture, influence considérablement l'impression qu'elle donne.

La lumière pénètre différemment les matières et ne peut donc donner le même résultat pour une même couleur. C'est la raison pour laquelle, par exemple, les peintures brillantes rendent les couleurs beaucoup plus vives que les peintures mates et les morceaux de tissus donnent un résultat plus séduisant que des papiers de même teinte.*

Dans ce dernier cas, la lumière qui pénètre les fibres des tissus réagit comme un flux lumineux qui traverserait différents petits filtres colorés, ce qui donne des couleurs plus vives et plus saturées que sur du papier plat.

De même entre les tissus, les effets peuvent être différents; une couleur sera, par exemple, plus claire et plus lumineuse sur de la soie que sur du lin ou du coton.

Mais les couleurs réagissent également les unes par rapport aux autres; sur fond noir, les couleurs claires avancent et apparaissent plus vives que sur fond blanc où elles restent comme "collées" au blanc et semblent donc plus foncées.

Le contraste perçu par l'oeil accentue le contraste réel.**

*Présence de la couleur

**ABC des couleurs

Sur fond noir, le motif jaune apparaît plus lumineux, sur fond blanc, plus éteint.

LE POIDS DES COULEURS

Les couleurs s'associent également à une idée de pesanteur. Plus elles tirent vers le blanc, plus elles sont *légères,* plus elles se rapprochent du noir, plus elles semblent *lourdes.*
C'est, en quelque sorte, la solidité de la terre face à l'évaporation de l'air.
L'exemple de cette entreprise de déménagement qui vit les arrêts de travail pour lumbagos diminuer de moitié lorsqu'elle eut l'idée de repeindre ses caisses en clair, est souvent cité; il démontre bien l'appréhension de lourdeur, pouvant aller jusqu'à la contracture, que l'on peut ressentir, à la vue d'un objet de couleur foncée.
Faites le test des valises; pour cela, proposez à quelqu'un de votre entourage de prendre dans chaque main, un bagage identique, l'un marine ou noir, l'autre beige ou blanc; demandez-lui de les porter et de vous dire celui qu'il trouve le plus lourd.

Valise noire ou valise beige ?

Regardez attentivement ces deux images présentant un ordre de couleurs différent sur le corps des deux silhouettes. Comparez-les. La silhouette **n°2** ne semble-t-elle pas plus harmonieuse, l'enchaînement des couleurs plus évident ? La silhouette **n°1** ne montre-t-elle pas une morphologie plus pesante, plus lourde ? Comme si déjà, inconsciemment, la perception que nous avons des couleurs s'organisait dans un sens logique; un sens qui n'est autre, d'ailleurs, que celui de la vision verticale de l'univers, du ciel vers la terre.

L'ordre naturel des couleurs du spectre se retrouve sur le corps humain.

LA FORME DES COULEURS

La couleur donne des impressions différentes selon la forme sous laquelle elle se présente.
"Un ensemble de couleurs douces et aimables peut compenser un jeu de lignes austères"*.
Une robe noire bien structurée, bien épaulée, paraît plus rouge qu'un petit tailleur écarlate tombant mollement sur le corps.
Les formes suggèrent des couleurs ou inversement et leur symbolisme respectif finit même par se confondre.

Le **bleu** s'inscrit sur la ligne d'horizon et disparaît dans un mouvement concentrique.
L'**horizontale** exprime le calme, la sérénité, l'immobilité .
Le **cercle** symbolise la protection totale, la plénitude mais aussi il retient prisonnier.
Le **rouge** se retrouve en mouvement sur une ligne verticale et se bute dans les angles d'un carré.
La **verticale** traduit la solidité, la virilité , la pérennité .
Le **carré** évoque des relations spontanées, obstinées et têtues.
Le **jaune** se dessine à l'aide dc lignes obliques. "Son mouvement excentrique qui se répand de tous côtés se caractérise par le triangle"*.
L'**oblique** suggère le dynamisme, le mouvement et même la violence.
Le **triangle** implique l'idée d'élévation vers la lumière.

"Un équilibre d'horizontales et de verticales rassure et protège. La multiplication des obliques donne un rythme, provoque l'éclatement. L'assemblage des courbes, c'est l'ondulation, le mouvement sans heurt"**.

Quelle forme donnez-vous aux couleurs ?

*Couleur et communication
**Le langage des images de Kodak

Bleu à l'infini

Jaune Lumière

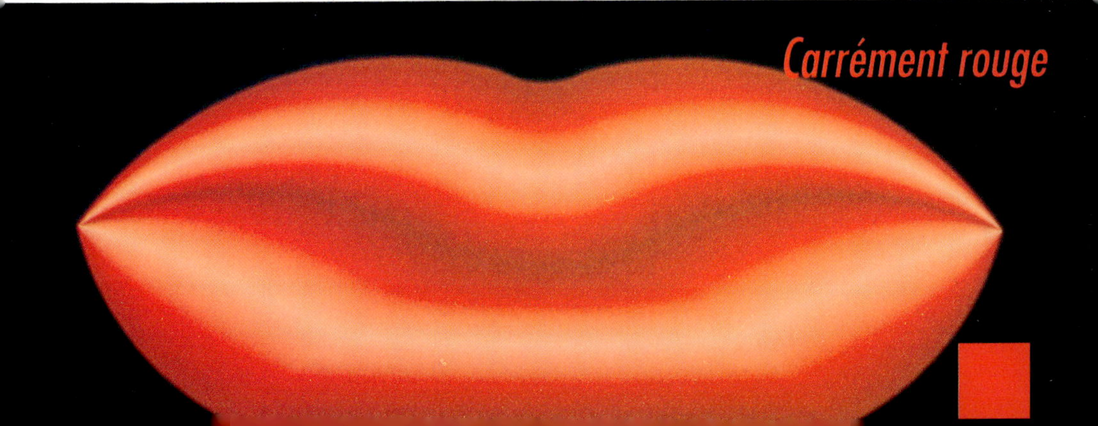
Carrément rouge

Comment vous parlent les couleurs ?

Cet enfant deviendra un vaurien
Et il nous en fera voir
De TOUTES LES COULEURS
L'arc-en-ciel le fait bien
Et personne ne lui dit rien.

Jacques Prévert

L'AMBIVALENCE DES COULEURS

"**L**es couleurs sont ambivalentes comme les sentiments humains et toutes les énergies"*.
Chaque couleur se caractérise par sa bipolarité. Chacune comporte en elle-même tout le bien et le mal, le meilleur et le pire.
Gœthe, dans son "Traité des couleurs"**précise que, comme la nature elle-même, la couleur procède par contrastes. Le jaune tend vers la lumière mais sa chaleur peut repousser; le bleu qui représente l'ombre, l'obscurité n'en est pas moins attirant.
Les couleurs suscitent une succession d'images positives ou négatives, c'est ainsi que le rouge dynamise et brûle à la fois, le vert plein d'espoir peut devenir poison et le noir, d'une profonde tristesse revendique l'idée d'une certaine élégance. Il est important de garder à l'esprit cette profonde dualité car telle nuance que l'on affectionne particulièrement peut vite devenir catastrophique au regard des autres. Quel que soit son support, la couleur nous fait réagir, qu'il s'agisse d'un tableau, d'un environnement décoratif, d'une publicité ou d'une personne.
Imaginez, alors, ce qui pourrait arriver avec une teinte de vêtement, de maquillage ou de cheveux qui ne conviendrait pas à la personne qui la porte !
Le symbole négatif de la couleur prendrait le pas sur son aspect positif. Et ce jaune, si beau, si chatoyant à l'étalage, pourrait devenir, une fois porté, synonyme de mauvaise mine, de traits tirés et accuser l'image d'une personnalité trouble et peu engageante. Choisie sans souci d'harmonie avec le visage ou sans rapport avec les autres tons utilisés, la couleur risque de se venger en réveillant tous les petits démons qui l'habitent. Raison de plus pour fouiller tous ses sentiments et ses paradoxes.

* Le langage des couleurs.
**Traité des couleurs

*B*LANC

L'aimez-vous pour sa netteté irréprochable ? son rayonnement démesuré ? ou pour la merveilleuse toile de fond qu'il procure aux autres couleurs ?
Lumière suprême, blancheur parfaite, immaculée, d'une beauté presque inaccessible, éternelle sagesse, son uniformité devient vite froide et impersonnelle.
Réflexion de toutes les couleurs, le blanc joue un rôle important dans la sensation de fraîcheur que procure un vêtement ou un intérieur de même nature.
Par cette fonction de diffusion de la lumière et cette vérité de rayonnement, il fut universellement choisi à travers toutes les religions pour symboliser la vérité et la pureté. Dans la Bible, les vêtements blancs sont le symbole de la régénération des âmes; il était d'ailleurs, dans l'antiquité, porté en signe de deuil, le triomphe de l'âme sur l'empire des ténèbres, en quelque sorte*.
Le blanc, pour ces mêmes raisons de pureté, de sagesse et de divinité, fut consacré à la Vierge; des vertus merveilleuses que l'on attribue également **au diamant** : il est censé calmer la colère, unir les époux; c'est une pierre de réconciliation, **à l'argent** : par sa blancheur, il symbolise la sagesse divine, **à l'ivoire** : par son éclat, il symbolise la vérité. Mais le blanc traduit aussi une idée d'attente; un mur blanc ne reste blanc que dans l'attente d'y poser un papier ou d'y accrocher un tableau. Seul, il ne véhicule aucune émotion particulière; c'est la tache rouge ou jaune placée dessus qui attire l'œil.
Le blanc évoque l'absence de vie, la couleur des glaciers que personne ne peut atteindre, la pâleur d'un teint et à l'extrême la mort. En excès, il peut devenir vite ennuyeux, voire même "stressant". Ne dit-on pas que devant trop de blanc, il y a un vide, dans trop de silence, il y a un blanc ?

*Des couleurs symboliques

NOIR

Savez-vous oser le noir ? Couleur de la nuit, obscure, ténébreuse, troublante, ombre menaçante, le noir représente le fond de l'abîme, le deuil, la tristesse. Il véhicule "idées noires" et "noir dessein" dans une logique lugubre. Comme pour toutes les couleurs, il contient en lui-même le pire et le meilleur. Le noir exprime une telle profondeur qu'il ne peut exister à moitié. Conquérant de l'inaccessible, à la fois dramatique et superbe, il joue toujours les extrêmes. Noir autorité, plein d'expérience et de savoir, on ne le choisit pas, c'est lui qui décide. Noir, audacieux, perfectionniste, il exalte toutes les couleurs et les pousse vers la lumière.
"Noir des grands soirs, sophistiqué, comble de l'élégance, il habille les brunes sensuelles jusqu'au bout du regard"*.
Estompé de blanc, le noir se décline sur tous les tons de gris; il perd beaucoup de son caractère mais reste un merveilleux écrin pour toutes les autres couleurs.

*Guide "Expression couleur" L'Oréal-Coiffure.

Bleu

Etes-vous, comme beaucoup de gens, un inconditionnel du bleu ? Couleur profonde d'un regard angélique, le bleu s'identifie au mystère, à la douceur et au repos.
"*Le ciel est par-dessus le toit, si bleu, si calme.*" Verlaine.
Bleu sérénité, symbole de vérité, de loyauté, de fidélité et de paix, il navigue entre le calme de la clarté et la tristesse de la nuit. Bleu clair d'une fraîcheur pleine de légèreté.
Bleu foncé d'un sérieux à toute épreuve.
Bleu-vert, gai et aimable. Bleu-rouge, d'une densité plus forte, à la longue inquiétante. Le bleu attire mais, en même temps, se débat entre l'excitation et le repos.
Témoin d'une grande générosité, il rassemble, sait écouter et favorise le dialogue entre les êtres. Catalyseur de la réflexion, il peut, cependant, vite démobiliser et laisser une impression d'immatérialité, de vide ou de froideur.

Jaune

A quoi vous fait penser le jaune ? Aux vacances prochaines, au fastes de Versailles ou à la voix d'un ténor ?
Diversité de sensations qui allie le sens du merveilleux à celui de la lumière.
Jaune superbe, grandiose, il rayonne à l'image du soleil ou de l'or ? Le jaune est, tout à la fois, symbole de richesse, de l'amour (plus sage que le rouge), du courage et de l'intelligence du coeur ("avoir un coeur d'or")*.
Jaune clair lumineux, plaisant, gai et tonique. Jaune doré comme le miel, chaud et généreux. Jaune, quelquefois trop brûlant, couleur du désert et de la sécheresse. Il peut, aussi, se faire soufre et prendre, alors, un sens diabolique synonyme de mensonge et de trahison.

*Le langage des couleurs.

VERT

Que pensez-vous du vert ? Etes-vous de ceux pour qui le vert porte malheur ?
D'une nature pleine d'espérance, il mord la vie à pleines dents. Couleur du renouveau, du printemps et de la jeunesse, le vert sème la vie; il stimule la respiration et détend l'atmosphère.
Vert-bleu plus froid, vert-jaune plus chaleureux, vert kaki plus éteint.
Le vert symbolise l'imaginaire ("les petits hommes verts") et tombe aussi dans le double langage de la couleur en évoquant le malheur (attirance vers la mort), la peur et l'état de décomposition.
Surprenante ambiguïté que cette couleur qui, d'un côté, peut tout donner et, de l'autre, tout reprendre.

ROSE

Quel ton de rose préférez-vous ? "Le rose est insaisissable, indécis, fugace. A l'opposé, il peut être criard ou sensuellement équivoque. Il est parfois laiteux, sucré, sanguin, luxuriant ou carnavalesque."*

Comme pour toutes les autres couleurs qui résultent d'un mélange, le sens du rose varie selon sa proximité du blanc ou du rouge. Imbibé de blanc, il tempère son ardeur et rappelle "la fraîcheur de la peau des enfants et des jeunes femmes"**; pâle, délavé ou pastel, il exprime douceur, tendresse et caresses. Plus près du rouge, il s'enflamme; couleur phare, il vise la séduction et la volupté.

II se fait plus froid en rose bleuté, gai et dynamique, délicat et chaleureux en rose beige, orangé ou saumoné.

VIOLET

Le rose pousse son intensité vers le bleu et le noir et se fait violet. Violet bleuté ou pourpre plus rouge, sa symbolique se ramène à celle combinée du bleu et du rouge. Tantôt spirituel et mélancolique, tantôt vivant et créatif.

MARRON

Marron, couleur de la terre, solide, sérieux et obstiné. Eclairci de blanc et de jaune, beige, chameau ou cuivre, il gagne en spontanéité, dégage une atmosphère chaleureuse et bienveillante, une odeur de sous-bois à l'automne et de pain d'épice. Synonyme de confort et de tradition, le brun rassure; à trop l'employer, il devient vite intransigeant et sec.

*Eloge du rose
**Le langage des couleurs

Rouge

Quelle image avez-vous du rouge ? Provocante, envoûtante ou quelque peu diabolique ? Le rouge ne joue pas dans la nuance. Caractère entier, impulsif et dominant, il réchauffe, dynamise et profite à tous ceux qui manquent d'énergie. Sans timidité aucune, ni trace d'innocence, il stimule ou agresse le regard. Couleur entièrement positive ou terriblement négative selon l'usage qu'on lui réserve, le rouge mise, avant tout sur une action immédiate et ponctuelle.
Vivre longtemps sous l'effet du rouge deviendrait vite intolérable et destructeur. Couleur de l'instant, il ne peut véhiculer d'idée profonde mais manifeste avec force son désir de conquête. La passion amoureuse, la puissance masculine ou le désir sexuel ne pouvaient se colorer d'une autre couleur que le rouge.

ORANGE

Une couleur qui participe au sens, à la fois, du rouge et du jaune. Elle parle d'amour, comme le rouge, mais nuancé par la sagesse de l'or*.
Orange, généreux, gai et pétillant, elle exprime l'humour et la joie de vivre mais manifeste, aussi, des penchants plus néfastes, hypocrites et troubles.

*Des couleurs symboliques.

Testez vos couleurs

VOTRE TEST-COULEUR

Tester les couleurs, près de votre visage, en les comparant les unes aux autres, reste le seul moyen de vérifier votre intuition .
Le TEST des couleurs se présente en **3 étapes.**
Vous découperez, pour le réaliser, les pages colorées 81 à 92 en les plaçant sous votre menton ou près de votre joue pour comparer les différents tons deux à deux, dans l'ordre proposé.
Veillez à faire cet exercice dans une pièce éclairée à la lumière du jour car votre oeil aurait beaucoup de mal à ressentir les différentes nuances sous une lumière artificelle; de même, choisissez de vous entourer d'ambiances neutres (tee-shirt blanc ou gris, visage démaquillé) pour ne pas créer d'interférences entres les teintes. Vous constaterez très vite que certaines couleurs vous conviennent mieux que d'autres.
Procédant par élimination, vous retiendrez les meilleures; celles qui éclairent votre teint, donnent de la profondeur à votre regard et tirent le meilleur parti de votre personnalité.
Vous serez, peut-être, influencé(e) par les couleurs que vous aimez ou, au contraire, gêné(e) par celles que vous détestez; prenez votre temps et faites-vous aider par votre entourage. La recherche du bon ton est souvent plus facile à établir avec le regard des autres.
La conclusion du test vous indiquera **la saison de vos couleurs** et vous découvrirez toutes les nuances qui s'harmonisent avec votre naturel et vous mettent le mieux en valeur.

Découvrez
les 12 couleurs de votre test.
A vos ciseaux !

BLEU CIEL

BLEU INTENSE

VERT BLEUTÉ

VERT SAPIN

ABRICOT

BRIQUE

VERT JAUNE

VERT BRONZE

FUCHSIA

ROSE

SAFRAN

JAUNE CLAIR

1ère ÉTAPE

• • • • •

Avez-vous le teint clair ou mat ?

Observez-vous attentivement dans un miroir et notez les reflets dominants de votre peau. Correspondent-ils à ceux d'un teint clair ou d'un teint plutôt mat ?
Votre carnation peut, bien sûr, être d'une couleur tout à fait intermédiaire, ni trop claire, ni trop foncée; notez, alors, votre impression d'ensemble; il s'agit, ici, de connaître la nature approximative de votre teint pour pouvoir réaliser votre test avec des comparaisons de couleurs adaptées.

❍ **Teint CLAIR** ❍ **Teint MAT**

2ème ÉTAPE

En fonction de la nature de votre teint, comparez, devant votre visage, l'effet des couleurs suivantes :

• • • • •

Si vous avez le teint clair,

comparez le **ROSE** et l'**ABRICOT.**

Quelle couleur préférez-vous ?

❍ **ROSE**

Le ROSE a un effet bénéfique sur vous, il reprend vos colorations naturelles et vivifie votre regard; l'ABRICOT a tendance à vous jaunir et vous donner mauvaise mine.

❍ **ABRICOT**

L'ABRICOT vous va bien ? Il illumine votre teint et fait briller vos yeux alors que le ROSE, au contraire, vous blanchit et vous affadit.

• • • • •

Si vous avez le teint plutôt mat,

comparez le **BRIQUE** et le **FUCHSIA**.

Quelle couleur préférez-vous ?

❍ **BRIQUE**

Le BRIQUE fait rayonner votre visage et vous donne beaucoup de présence; vous êtes déçu(e) par le FUCHSIA qui blanchit votre teint et cerne vos yeux.

❍ **FUCHSIA**

Le FUCHSIA vous donne vraiment meilleure mine. Il agit comme un véritable "coup de fouet" sur votre teint alors que le BRIQUE vous jaunit et crée une impression de fatigue sur le visage.

3ème ÉTAPE

Suivant votre résultat, comparez, devant votre visage, l'effet de deux autres couleurs :

● ● ● ● ●

Si vous avez choisi l'abricot ou le brique,

comparez le **VERT JAUNE** et le **VERT BRONZE**.

Quelle couleur préférez-vous ?

❍ **VERT JAUNE**

La clarté du VERT JAUNE correspond à celle de votre teint et le VERT BRONZE s'avère trop foncé.

❍ **VERT BRONZE**

L'intensité du VERT BRONZE vous va bien alors que le VERT JAUNE semble plus fade et vous ternit.

● ● ● ● ●

Si vous avez choisi le rose ou le fuchsia,

comparez le **BLEU CIEL** et le **BLEU INTENSE**.

Quelle couleur préférez-vous ?

❍ **BLEU CIEL**

Le BLEU CIEL s'accorde à la clarté de votre teint sans vous affadir alors que le BLEU INTENSE est trop vif.

❍ **BLEU INTENSE**

Le BLEU INTENSE correspond à l'intensité de votre visage; le BLEU CIEL, au contraire, est trop fade sur vous.

● ● ● ● ● ● ●

● ***Quelle est votre saison ?***

● Vous avez choisi le VERT JAUNE, ***vous êtes PRINTEMPS.***

● Vous avez choisi le VERT BRONZE, ***vous êtes AUTOMNE.***

● Vous avez choisi le BLEU CIEL, ***vous êtes ÉTÉ.***

● Vous avez choisi le BLEU INTENSE, ***vous êtes HIVER.***

VOUS HÉSITEZ ENTRE DEUX SAISONS ?

● ● ● ● ●

Vous hésitez entre Automne et Hiver,
comparez devant votre visage l'effet du
VERT BRONZE et **VERT SAPIN**.

Vous êtes HIVER si le VERT SAPIN vous donne meilleure mine que le VERT BRONZE; ce dernier a tendance à verdir votre peau (teint brouillé).
Vous êtes AUTOMNE si le VERT BRONZE s'harmonise mieux à votre visage que le VERT SAPIN (plus froid).

● ● ● ● ●

Vous hésitez entre Été et Hiver,
comparez, devant votre visage, l'effet du
ROSE et **FUSHSIA**.

Vous êtes ÉTÉ si l'intensité du ROSE est suffisante près de votre visage et le FUCHSIA trop envahissant.
Vous êtes HIVER si le FUCHSIA correspond mieux à l'intensité de votre visage que le ROSE (plus terne).

● ● ● ● ●

Vous hésitez entre Printemps et Automne,
comparez devant votre visage l'effet du
JAUNE CLAIR et **SAFRAN**.

Vous êtes PRINTEMPS si le JAUNE CLAIR respecte mieux la délicatesse et la luminosité de votre teint que le SAFRAN (trop foncé).

Vous êtes AUTOMNE si le JAUNE CLAIR semble, à la fois, trop vif et lumineux alors que le SAFRAN s'accorde parfaitement à l'intensité de votre regard.

• • • • •

Vous hésitez entre Été et Printemps,
comparez devant votre visage l'effet du
VERT BLEUTÉ et **VERT JAUNE**.

Vous êtes ÉTÉ si le VERT BLEUTÉ adoucit vos traits et embellit votre regard; le VERT JAUNE, au contraire, contrarie vos colorations naturelles et vous ternit.
Vous êtes PRINTEMPS si le VERT JAUNE éclaire votre teint et illumine votre regard; le VERT BLEUTÉ, au contraire, blanchit votre peau et lui donne une certaine froideur.

Vous hésitez encore ?
Votre visage correspond peut-être aux
couleurs de deux saisons.

VOUS AVEZ DEUX SAISONS

Printemps / Été

Votre visage PRINTEMPS aux yeux lumineux entourés d'un anneau brillant supporte les tons de rose, de bleu ou de vert amande de la gamme ÉTÉ.

Printemps / Automne

Votre visage PRINTEMPS révèle une personnalité plus sophistiquée à l'image des AUTOMNE et peut porter des tons plus soutenus comme le brun doré foncé, le vert olive ou le rouge cramoisi.

Été / Hiver

Votre visage ÉTÉ, de par sa forme plus structurée ou par la teinte châtain foncé de ses cheveux réagit bien aux teintes vives de l'HIVER comme le bleu intense, aux tons foncés comme l'aubergine , le vert sapin ou même le noir.

Été / Printemps

Votre visage ÉTÉ avec ses cheveux blond doré ajoute à sa gamme les nuances chaudes et lumineuses du PRINTEMPS comme le rose corail, le jaune paille ou le brun doré.

Automne / Hiver

Votre teint cuivré aux reflets olive avec ses cheveux châtains ou même noirs étend sa gamme au noir, violet, vert sapin ou blanc pur de l'HIVER.

Automne / Printemps

Votre visage AUTOMNE s'accompagne de cheveux blond doré et d'un teint très clair; les teintes délicates du PRINTEMPS lui donneront beaucoup de fraîcheur.

Hiver / Été

Votre visage HIVER avec ses cheveux châtain clair ou blond foncé aime aussi les couleurs les plus vives de l'ÉTÉ.

Hiver / Automne

Votre visage HIVER réagit bien aux couleurs chaudes de l'AUTOMNE comme le brun, vert bronze ou vermillon grâce à la présence de reflets cuivrés dans vos cheveux.

La découverte de votre saison vous amène à mieux sentir l'effet des couleurs sur votre visage.

Jouez vos couleurs

La séduction est comme la vie :
DE TOUTES LES COULEURS.
Luciano Benetton

VOS VÊTEMENTS

Yves Saint Laurent parle du "merveilleux silence du vêtement"* pour exprimer cette union naturelle presque spirituelle qui existe entre le corps et ce qu'il revêt.
Le vêtement glisse et s'affiche comme une évidence sur celui qui le porte bien. Signe de reconnaissance individuel ou d'appartenance à un groupe, il témoigne de forces insoupçonnées dans l'expression de votre personnalité.
A travers lui, les couleurs parlent. Choisies en harmonie avec votre visage, elles se révèlent une alliée précieuse pour votre séduction. Votre palette vous offre une déclinaison de teintes claires ou plus foncées, neutres ou très vives. Vous les adapterez à votre style ou au temps qu'il fait : couleurs sombres en hiver, couleurs claires en été. Elles y figurent toutes. Seule la nuance varie d'une gamme à l'autre, par exemple : rouge orangé pour les palettes AUTOMNE ou PRINTEMPS, rouge bleuté pour les palettes HIVER ou ÉTÉ.

VOTRE NUANCIER

La mémoire des couleurs n'existe pas, aussi les références de tons données pour chaque gamme vous permettront de comparer et de vérifier vos choix. Elles vous serviront de nuancier et vous guideront pour vos achats de vêtements, de fards de maquillage, d'accessoires et même de décoration.

Déclinez votre palette sur tous les tons.

*Préface "Histoire technique et morale du vêtement".

VOTRE PALETTE PRINTEMPS

Les couleurs du Printemps, délicates et lumineuses, font rayonner votre visage.
Votre palette vous offre des tons clairs et acidulés, des nuances tendres et raffinées à l'image des arbres en fleurs, des bourgeons des plantes ou des boutons de rose.
Votre garde-robe joue la symphonie des tons orangé et vermillon : **saumon, abricot, pêche, corail, rose thé, rouge coquelicot...**
Toutes les couleurs mêlées d'une pointe de jaune vous conviennent; elles illuminent votre teint pâle comme le **vert pré, vert pomme, pistache, anis, tilleul, vert nil, céladon, turquoise, jaune d'or clair, mimosa ou poussin...**
Le **JAUNE,** votre couleur fétiche, adoptera votre style juvénile ou classique, sportif ou habillé.
Le bleu met en valeur votre regard et exige beaucoup de luminosité : **bleu pervenche, lavande, marine lumineux...**
Tons chauds et raffinés qui éclatent sur fond de **brun doré, camel, café léger ou gris algue.**
Les tons de **blanc** s'expriment avec beaucoup de douceur: nuances perlées, nacrées, ivoire...
Vous éviterez les tons tranchés comme le noir ou le blanc pur et toutes les teintes froides qui ont tendance à durcir vos traits.

PRINTEMPS

Rodier

Benetton

Christian Dior

Benetton

Kenzo

VOTRE PALETTE ÉTÉ

Le ROSE se décline, pour vous, à l'infini, du plus léger au plus passionné, tantôt fantasque, tantôt trés BCBG. Il irradie votre teint et rehausse vos pommettes délicatement rosées. Pensez, **beige rosé, rose des sables, rose buvard, rose poudre, rose bleuté, magenta, orchidée, rose** tirant sur le **violet, mauve, parme, lavande, violine...**
Il s'accorde à tous les tons de **bleu, clair et grisé, bleu ciel, gris bleu, bleu chambray, turquoise, lagon** sans oublier la rigueur classique du **marine grisé**.
Le **rouge** reste très frais et rosé, **framboise, pastèque, cerise,** le **jaune**, à peine citronné, et le **vert, doux et bleuté**.
Le noir s'estompe au profit du **brun rosé, prune, gris ardoise ou marine**; de même, le blanc pur au profit du **blanc crème.**

ÉTÉ

J.C. de Castelbajac

Benetton

Kenzo

Kenzo

Kenzo

VOTRE PALETTE AUTOMNE

Les couleurs riches et intenses illuminent votre visage.
Toute la lumière et la chaleur qui se dégagent des **JAUNES, or, tournesol, safran, corosol, maïs** ou **mordoré** embrasent votre regard et ensoleillent votre teint. Ils éclairent les nombreux tons de **verts : mousse, fougère, lichen, olive, bronze** et de **bruns : caramel, chamois, cannelle, cognac, noisette, havane, tête-de-nègre.**
Pour vous, des accords vibrants de **rouge orangé, orange, vermillon, clémentine** ou **abricot**, mêlés aux nuances de **bleu sourd : bleu-vert, pétrole, marine chaud.**
Vous abandonnerez le noir au profit du **brun foncé** à moins que vous ne le portiez accompagné de **jaune soleil** ou de **vert chartreuse.** Vous préférerez le **blanc cassé, beige clair ou ivoire** au blanc pur.

AUTOMNE

J.C. de Castelbajac

Lolita Lempicka

Rodier

Kenzo

Christian Dior

VOTRE PALETTE HIVER

Toutes les teintes vives et bleutées dynamisent votre teint. Une gamme fascinante de **BLEUS : outremer, pacifique, azur, aigue-marine.** Déclinaison de **verts** purs comme **l'émeraude** ou profonds comme le **sapin** qui répondent à la force d'un **rouge** incisif : **rubis, braise, bleuté, carmin...**
Brune aux yeux foncés, votre peau mate supporte le contraste d'un **blanc** total et d'un **noir** intégral, les tons les plus extrêmes : **rose fuchsia, violet cardinal, jaune citron, gris anthracite, marine pur ou brun rougi.** Osez les couleurs folles et éblouissantes !
Brune au regard clair, votre peau est souvent plus fragile, beige clair ou carrément blanche; vous jouerez, alors, le jeu d'harmonies plus nuancées en mêlant le **vert** au **rose vif** ou le **bleu indigo** au **jaune clair** sur fond de **gris souris.** Le **rose** reste toujours éclatant et bleuté : **magenta, rose franc tirant sur le pourpre** ou le **violet.**
Les tons dorés ou pastel ne vous donnent pas assez de caractère. Vous choisirez vos nuances claires les plus proches du blanc : **bleu glacier, vert d'eau, parme givré, rose glacé.**

HIVER

J.C de Castelbajac

Lolita Lempicka

Christian Lacroix

Kenzo

Kenzo

VOTRE MAQUILLAGE

Le maquillage est devenu un art à la portée de toutes. Misez sur la couleur, et soyez plus belle, plus naturelle, plus expressive, plus délurée, plus élégante comme il vous plaira.

LA LUMIÈRE

Les maquilleurs ne le répéteront jamais assez. Le maquillage *de jour* n'a rien à voir avec celui *du soir*. La quantité et la qualité de la lumière varient considérablement au cours d'une journée et, puisque la lumière fait naître les couleurs, mieux vaut savoir en contrôler tous ses effets.
Le matin, la lumière plutôt bleutée exalte les teintes froides et peut facilement rendre le teint blafard. Alors que le soir, la lumière mêlée de jaune et de rouge fera paraître le teint plus rosé. Dans la journée, vous opterez pour des tons assez doux ou dorés, le soir, pour des couleurs plus vives.
Attention à l'éclairage de votre salle de bain ! Il peut rendre votre maquillage désastreux, sans aucun rapport avec la lumière du jour. Envisagez un éclairage symétrique non éblouissant qui ne dénature pas les couleurs*.
Placez votre système d'éclairage face au visage et non face au miroir; il devra être suffisamment diffusant pour ne pas créer d'ombres dures sur le visage et ne pas l'éblouir. Si votre salle de bains est sombre, éclairez-la davantage car les couleurs foncées absorbent la lumière.

VOTRE CARNATION

La nature vous a donné, à la naissance, une couleur de peau qui restera sensiblement la même tout au long de votre vie. Malgré des variations, quelquefois spectaculaires, dues, par exemple, au bronzage, à la fatigue, à la maladie ou simplement au changement de climat, vous garderez le

*Centre d'information de l'éclairage.

teint de votre enfance. Si vous êtes née *rousse* votre teint ne deviendra pas subitement celui d'une *brune*, même à force de soleil et inversement.
La couleur de votre peau constitue le paramètre le plus important pour décider des nuances qui vous iront le mieux. N'essayez pas de tricher, vous n'y parviendrez pas et cela risquerait de se terminer vite en catastrophe avec des fards qui ne tiennent pas ou un fond de teint qui vire.
Seules les actrices ou les mannequins réussissent le jeu des transformations radicales; tout un métier, qu'elles mettent parfois du temps à maîtriser, et qui n'exige d'elles que de prouver la vérité d'une image, le temps d'un film ou d'une prise de vue. Pour être au mieux de soi-même, du matin au soir, le plus sûr est encore de respecter son naturel et d'apprendre à jouer avec.

LE FOND DE TEINT

Puisque le maquillage commence par celui de la peau, la première couleur à déterminer, avant toutes les autres, est bien celle de votre fond de teint ou de votre base teintée; vous éviterez ainsi beaucoup d'erreurs.
Pour cela, commencez par comparer plusieurs couleurs sur le dos de votre main puis essayez-les sur votre cou ou sur la base de votre joue; c'est l'endroit où la couleur de la peau est intermédiaire entre celle du cou généralement plus claire et celle de la joue plus foncée.
Sous prétexte d'éclat, ne vous laissez pas tenter par des reflets trop foncés, votre maquillage risquerait de paraître artificiel. Crémeux, fluide, mat ou satiné, vous choisirez votre fond de teint d'un ton plus clair que votre peau. Avant de l'appliquer, prenez soin de nettoyer et tonifier la peau puis de poser une base hydratante adaptée à sa nature. De là dépend aussi la bonne tenue de la couleur.
Quelques règles simples à observer en matière de choix de

couleurs : les tons clairs avancent; vous les utiliserez donc pour mettre en relief les traits du visage et masquer les cernes. Les tons foncés reculent; ils vous permettront de gommer les poches sous les yeux et de creuser les maxillaires.

LA POUDRE

Une poudre libre, transparente de préférence, apporte tout son éclat à votre teint. Mate, irisée, scintillante ou nacrée, posez-la en voile imperceptible ou en touches de lumière. Réservez la poudre compacte ou la crème poudre pour tous les raccords en cours de journée tout en choisissant leur couleur d'un ton très proche de votre fond de teint.

LE FARD A JOUES

Blush poudre ou crème, il rehausse votre teint et donne du relief à votre visage. Vous l'estomperez sur les pommettes en remontant vers les tempes. Evitez les démarcations trop nettes. Fard "sculpteur" ou effet "bonne mine", il doit toujours se fondre dans votre fond de teint.

LES OMBRES A PAUPIÈRES

Jouez de votre regard en camaïeu doux ou audacieux selon vos humeurs. Pour le jour, préférez un maquillage discret, naturel et nuancé et réservez vos folles envies d'harmonies mystérieuses et osées pour le soir.

En matière de contraste, plus le maquillage sera mat, plus votre oeil brillera. Plus l'ombre choisie sera foncée, plus votre regard s'éclaircira. En jouant sur l'effet des couleurs complémentaires, vous pourrez mettre en valeur la teinte de vos yeux; par exemple, les fards violets accentueront la luminosité des yeux bruns, les ombres orangées donneront un regard plus bleu et les nuances rosées feront briller les yeux verts. Attention au maquillage ton sur ton qui vous ferait choisir, par exemple, des harmonies de bleu pour

habiller un regard bleu; vous risqueriez de ternir la teinte de votre iris et de faire ressortir “votre coup de crayon” avant l’intensité de votre regard.
Pour une pose simple et rapide, utilisez, de préférence, les *fards duo*. Estompez la teinte la plus foncée sur la moitié externe de la paupière, en l’étirant délicatement vers le sourcil et comblez l’espace interne avec la couleur claire. Il suffit, ensuite, d’uniformiser l’ensemble avec un pinceau en allant toujours du plus clair vers le plus foncé.
Pour un effet encore plus naturel, estompez avec un pinceau poudré.
L’oeil peut être dessiné d’un léger trait de crayon gras, gommé légèrement au pinceau. Vous le tracerez du milieu de la paupière vers l’extérieur, en partant de la racine des cils. La touche finale sera donnée par le mascara pour allonger et épaissir vos cils et donner de la profondeur à votre regard.

LE ROUGE A LÈVRES

Affichez sur les lèvres toute votre séduction ! Du rose tendre au rouge provocateur, la couleur de votre rouge à lèvres décide de votre image. Le crayon à lèvres vous aidera à bien définir l’espace dans lequel vous appliquez votre fard et à corriger éventuellement sa forme. Les teintes claires et brillantes font paraître les lèvres plus bombées alors que les tons mats ou foncés les amenuisent.

Adaptez votre maquillage aux couleurs de votre saison.

FEMME PRINTEMPS

Fond de teint : beige doré clair d'un ton proche de votre carnation.
Fards à paupières : brun clair, abricot saumon, vert irisé, vert tendre, turquoise fumé...
Fards à joues : rose orangé, saumon, brun clair...
Rouge à lèvres : mandarine, corail, saumon, rouge orangé, brun naturel...

Jouez la transparence, les tonalités acidulées !

FEMME ÉTÉ

Fond de teint : beige rosé d'un ton proche de votre carnation.
Fards à paupières : gris argenté, gris pastel, bleu grisé, rose, bleu ciel, parme, jaune pâle...
Fards à joues : rose clair, rose vif bleuté, fuchsia clair...
Rouge à lèvres : rose vif frais, cassis, rouge clair, rose naturel...

Appliquez vos fards avec douceur et légèreté !

FEMME AUTOMNE

Fond de teint : beige doré d'un ton proche de votre carnation.
Fards à paupières : or, bronze, vert mousse, jade, cognac, turquoise fumé, rose orangé...
Fards à joues : terre cuite, brun, rose orangé...
Rouge à lèvres : rouge vermillon, abricot, brun doré...

Osez les intensités fortes et lumineuses !

FEMME HIVER

Fond de teint : beige d'un ton plus clair que votre carnation.
Fards à paupières : gris, bleu outremer, rose magenta, fuchsia, violet...
Fards à joues : rose vif, fuchsia, rouge sombre...
Rouge à lèvres : fuchsia, rose et rouge vif, grenat, prune...

N'hésitez pas à forcer les couleurs !

VOS CHEVEUX

“**A** la différence des vêtements, les cheveux sont partie intégrante du visage. Ils constituent donc un moyen privilégié de personnaliser son apparence”*.

Les cheveux donnent le ton et mettent en avant votre personnalité. Ne les négligez pas car c'est toute votre image qui en serait affectée.

Leur couleur affiche votre séduction et donne toute son expression à votre visage *blonde fatale* ou *brune arrogante*, elle prend, parfois, plaisir à provoquer, éblouir ou surprendre.

Vous pouvez garder leur teinte naturelle mais vous veillerez à corriger leur nature s'ils étaient secs, gras ou cassants. Des cheveux en bonne santé, brillants, participent au reflet de votre image.

Osez la couleur, elle illumine, sculpte et dynamise votre coupe; en matière de coloration, éphémère ou permanente, vous n'avez que l'embarras du choix en changeant aussi souvent que vous le souhaitez. Pour embellir votre nuance naturelle, lui apporter profondeur et éclat, lumière et relief, les cheveux ont aussi leur maquillage : nuances cendrées, irisées, dorées ou cuivrées.

Les coiffeurs disposent de multiples techniques qui changent tout sans vraiment vous changer : voiles de lumière, mèches, balayages, flashes, transparences; ils les adapteront à votre style de coiffure, court, mi-long, long, bouclé ou lisse.

Quel que soit le changement, subtil ou plus contrasté, recherchez toujours l'harmonie entre votre visage et vos reflets. Laissez-vous guider par la couleur de votre teint et celle de vos yeux; vous coordonnerez ainsi, tout naturellement, votre chevelure avec votre maquillage et votre garde-robe.

*Francoscopie.

Vous êtes PRINTEMPS

Vos cheveux blond doré, blond cuivré ou châtain clair doré s'illuminent comme l'étincelle de votre regard vert clair, gris doré ou bleu vert. Ils expriment la joie de vivre à l'image de votre teint frais et légèrement rosé.
Pour respecter cette image jeune et naturelle, vous opterez pour toutes les déclinaisons de nuances *blond doré, sable chaud, miel ou roux clair...* Vous pourrez accentuer la dominante chaude par des reflets *dorés et cuivrés.*
Essayez le *blond vénitien* et ressemblez à ces portraits divins de la renaissance italienne. Jouez la lumière, la somptuosité et l'éclat des mèches dorées.
Jouez la fantaisie et osez le *roux vif, les reflets orangé.*
A éviter : Ne foncez surtout pas vos cheveux; cela durcirait vos traits. De même, évitez les nuances cendrées qui blanchissent votre teint déjà très clair et vous font l'oeil triste.
Votre visage est fin aux traits réguliers ? Les couleurs claires lui vont bien ; si vos traits accusent plus de rondeur, veillez alors à intensifier légèrement votre couleur.

Vous êtes ÉTÉ

Vos cheveux comme votre teint ou votre regard jouent la carte du naturel. Votre harmonie est à l'image de votre carnation, claire et douce.
Blond clair ou foncé, châtain clair, de base cendrée, vous offrirez à vos cheveux des nuances délicates et soyeuses aux reflets légers, irisés et nacrés : beige cendré, blond cendré, blond perle, blond sable, châtain clair, noisette ou marron glacé. Elles illuminent votre teint et révèlent la brillance et l'éclat de votre couleur naturelle. Les mèches, le fil à fil, les coups de "flash" sont faits pour vous; des techniques douces qui exaltent la couleur en camaïeux fondus enchaînés. Votre visage ovale s'accommode de toutes ces teintes claires. S'il est plus structuré, comme celui

des Scandinaves, préférez des nuances plus vives, blond intense, châtain lumineux ou plus soutenues, blond foncé.
A éviter : Des cheveux trop foncés risquent de jurer avec la délicatesse de votre teint. De même, faites attention aux reflets cuivrés qui ont tendance à le jaunir.

Vous êtes AUTOMNE

Vos cheveux illuminent votre teint de lait accompagné souvent de taches de rousseur. Vos yeux s'éclairent de petites pépites dorées qui accrochent le regard. Vous ne passez jamais inaperçu(e) et vous auriez tort de jouer les timides ! Vos cheveux affichent votre personnalité, châtain cuivré, auburn, roux... Vous chercherez à leur apporter des nuances chaudes aux reflets brûlants, riches et intenses: acajou, pain d'épice, paprika , terre cuite...
Si votre visage est de forme structurée aux traits plus anguleux, jouez la carte des tons profonds qui vous donneront beaucoup de présence.
Avec un visage ovale plus discret, vous irez moins loin en intensité et choisirez des nuances atténuées de roux transparent, auburn léger.
A éviter : N'éclaircissez pas vos cheveux, ils vous donneraient un air fade et commun qui ne vous ressemble pas. Chassez les reflets cendrés qui blanchissent le teint et vous feront paraître plus âgé(e).

Vous êtes HIVER

Vos cheveux, bruns ou châtain cendré, accompagnent parfaitement la force de votre regard. Ils affirment résolument votre personnalité.
Pour répondre au contraste d'un teint de porcelaine ou carrément mat, vous jouerez la profondeur des couleurs à reflets bleutés : violine, prune, aubergine... Vous opterez pour des bruns aux nuances café glacé, brun créole ou

pourquoi pas noir de chine pour obtenir un vrai noir, vif et brillant. Le blond ne vous est pas interdit; choisissez-le d'une blancheur extrême comme le blond platine.
Finis les châtains tristes et uniformes ! Colorées ton sur ton, vos mèches gagneront en reflets brillants, radieux qui donneront du tonus à votre chevelure. Essayez aussi les fils de balayage en pensant toujours à la nuance qui correspond le mieux à l'intensité de votre visage.
A éviter : A moins d'avoir le teint très clair, ne cherchez pas à éclaircir vos cheveux; votre visage deviendrait vite terne et si vous pensiez pouvoir compenser par plus de maquillage, sachez que l'impression de décalage par rapport à votre naturel subsisterait. Jouez les contrastes plutôt que les demi-teintes. Attention également aux reflets dorés ou cuivrés ! Ils vous donneront facilement mauvaise mine, un teint brouillé et des yeux fatigués.
La forme de votre visage influence aussi vos couleurs. Si vous avez un ovale bien défini, des traits assez fins, ne choisissez pas les nuances les plus contrastées; restez dans les tons châtain moyen lumineux. Un visage aux traits plus structurés avec un regard intense supportera des teintes plus soutenues.

VOS ACCESSOIRES

Le choix des accessoires est déterminant. Ils sont autant de marques colorées sur vos tenues et suffisent souvent à attirer l'oeil. Une pochette, une cravate de couleur vive sur un costume sombre, une écharpe bariolée sur un ensemble sobre, sont autant de notes personnelles et originales qui vont transmettre votre image. Vous les assortirez à vos tenues, choisirez des jeux d'harmonies ou de contrastes selon votre humeur, le lieu ou l'heure. Ne les négligez surtout pas car ce sont eux qui décident de votre style et donnent à votre silhouette une nouvelle dynamique.

CHAUSSURES, SACS ET BAGAGES

Pour marier vos chaussures, vos sacs ou vos bagages à vos vêtements, vous pourrez sélectionner les couleurs de base de votre saison vous réservant les tons les plus clairs par temps chaud et les plus foncés par temps froid.

Vous êtes PRINTEMPS : brun moyen, miel, marine clair, vert foncé, blanc cassé, beige, rose tendre...

Vous êtes ÉTÉ : marine grisé, gris, brun glacé, bleu gris, blanc crème, vanille, beige rosé, argent, marine clair...

Vous êtes AUTOMNE : brun, brique, acajou, vert bouteille, bronze, beige, blanc cassé, caramel, bleu canard...

Vous êtes HIVER : marine, noir, gris foncé, bordeaux, blanc, gris clair, rose foncé, rouge bleuté, bleu profond...

LUNETTES

Y-a-t-il plus bel accessoire qu'une monture de lunettes ?

Partie intégrante du visage, elle anime votre regard et participe à l'expression de votre personnalité. Sa couleur est capitale; choisie en harmonie avec vos cheveux, votre teint et vos yeux, elle accompagne votre image, discrètement ou non, selon votre style, mais toujours dans le bon ton.

Vous êtes PRINTEMPS : métal doré, écaille clair, bois clair et toutes les couleurs de votre palette.
Vous êtes ÉTÉ : métal argenté, et toutes les nuances pastel de votre palette sans oublier le blanc crème, vanille ou paille.
Vous êtes AUTOMNE : métal doré, écaille d'un ton moyen ou foncé, bois et toutes les couleurs de votre palette.
Vous êtes HIVER : métal argenté, cristal transparent, noir ébène et toutes les couleurs vives de votre palette.
Vous veillerez à choisir leur forme d'une nature différente de celle de votre visage : les visages ronds préféreront, par exemple, des montures géométriques qui allongent les yeux. Les visages plus carrés opteront pour des montures aux angles arrondis et ceux de forme rectangulaire choisiront, de préférence, des montures ovales. Les verres atténuent les couleurs; aussi, le maquillage des yeux devra être suffisamment accentué. Les personnes hypermétropes éviteront de les agrandir en jouant sur des nuances plus douces.

LENTILLES COLORÉES

Un maquillage surprenant, un peu fou, qui vous permet de changer tous les jours si vous le souhaitez la couleur de vos yeux. Sur fond d'iris bleu, gris ou vert, une lentille bleu cristal, aigue marine ou jade vous donnera un regard aux couleurs d'eaux tropicales ou d'océan profond. Veillez à choisir cette nouvelle couleur en fonction de votre pigmentation naturelle. Une nuance mal adaptée vous transformerait vite en personnage irréel ou artificiel.

BIJOUX

Si vous êtes d'harmonie dorée (**PRINTEMPS** ou **AUTOMNE**) l'or jaune , les perles s'harmonisent à toutes vos couleurs.
Si vous êtes d'harmonie bleutée (**ÉTÉ** ou **HIVER**), l'argent, l'or blanc, mettent en valeur toutes vos couleurs. Pour une image plus contrastée, fantaisiste ou d'avant-garde, n'hésitez pas à mélanger l'or et l'argent.

VOTRE PORTRAIT

Photo d'identité ou portrait de famille, pourquoi faut-il 9 fois sur 10 que nous nous trouvions plus moches que nature ? Votre portrait photographique, image instantanée, figée par l'objectif, peut tout aussi bien vous encenser ou vous trahir. Empreinte de vos émotions, il dit tout de vous; il se laisse voir, étudier et juger. Comme l'indique son origine latine "pro-trahere" qui signifie "amener en avant", il propulse votre image dans une suite d'expressions, souvent difficiles à maîtriser.
Couleurs du fond, teintes des vêtements et nuances de maquillage se combinent pour y inscrire l'image de votre personnalité. La moindre dissonance dans la composition colorée de ces différents éléments peut provoquer une impression plus ou moins artificielle et donner une vision inexacte de vous-même.
C'est le moment ou jamais de choisir vos couleurs de vêtement et de maquillage en harmonie avec votre teint, et vos yeux. Elles vous donneront assurément meilleure mine et afficheront de vous une image à la fois plus naturelle et plus séduisante.

Votre photographe portraitiste mariera les ambiances de fonds à vos couleurs :

Fonds PRINTEMPS

A conseiller : blanc cassé, beige, miel, ambiances dorées, jaune pâle, rose pâle, rose abricot, bleu pâle, pervenche, vert jaune clair, gris vert...
A éviter : gris froid, rose bleuté, blanc, noir, bleu soutenu et toutes les teintes froides ou foncées.

Fonds ÉTÉ

A conseiller : argent, gris clair, gris bleuté ou rosé, bleu, rose, parme, marine clair, blanc rosé, brun rosé...

A éviter : toutes les teintes feuille morte, vert jaune, corail, saumon, noir.

Fonds AUTOMNE

A conseiller : blanc cassé, beige, tons dorés, brun lumineux, vert foncé, bronze, jaune mordoré, abricot...
A éviter : blanc pur, noir, gris et toutes les teintes froides.

Fonds HIVER

A conseiller : gris argenté, blanc éclairé avec des reflets rosés ou bleutés, grenat, marine clair ou foncé, noir éclairé...
A éviter : beige, marron, jaune, clair-obscur.

"Mon portrait, mes couleurs c'est tout moi."

COULEUR ET PARFUM

Existe-il un parfum fait pour vous, une odeur irrésistible qui vous colle à la peau à l'image de vos couleurs ?
Le parfum fait appel au sens olfactif qui s'inscrit, comme la perception visuelle, dans l'ensemble des perceptions sensorielles. Comme la couleur, l'odeur parle; elle véhicule des sensations, des émotions et réveille des souvenirs.
Qui n'a pas été un jour, incommodé par l'odeur de tabac froid ou enivré par des effluves embaumées de patchouli ou de santal ?
Une odeur, ce n'est pourtant rien d'autre, au départ, que de la matière en suspension qui se retrouve, en une fraction de seconde, conduite par une décharge d'influx nerveux, en plein coeur du cerveau. Comme la couleur, l'image olfactive y sera décodée, analysée, interprétée, chacune faisant surgir dans l'inconscient son lot de bons ou de mauvais souvenirs.
Quel que soit le désir auquel répond votre parfum, simple complément d'hygiène, affirmation de soi ou séduction, vous ne le choisissez jamais par hasard.
Signature envoûtante de votre personnalité, il envoie aux autres le reflet de votre image.

L'harmonie d'un parfum n'est pas statique; elle va évoluer en fonction de la lumière mais aussi de la chaleur; associée à votre odeur, elle peut sur vous complètement se transformer.
Elle se compose de *3 notes successives* :*
la note de tête, première impression ressentie à l'ouverture du flacon, souvent forte, quelquefois agressive et qui ne dure pas.
la note de coeur précisant le caractère du produit, son âme.
la note de fond, profonde et tenace, qui se mêle à l'odeur de votre peau et personnalise votre parfum.

 *Le pouvoir des odeurs invisibles / Ça m'intéresse.

Entre couleurs et parfums, les résonances abondent. Les essences se rangent par famille et épousent le rythme des couleurs :

SENTEURS PRINTEMPS

Les essences légères et sucrées s'accommodent de la luminosité des couleurs du PRINTEMPS; impressions de fleurs et de fruits, mélanges subtils et délicieusement piquants, pleins de raffinement : présence de bergamote, de fleur d'oranger ou de citron, fraîcheur savoureuse du gardénia, de la jacinthe, sans oublier la note boisée et persistante du vétiver.

SENTEURS ÉTÉ

Les odeurs fleuries, empreintes de romantisme et de tendresse s'harmonisent à tous les pastels de la gamme ÉTÉ. Quelques notes de fruits frais comme la pêche, la mandarine ou la fraise se mêlent aux senteurs de jasmin, de rose ou de magnolia. Des eaux vivifiantes et éclatantes qui vous grisent à coup d'églantine, de lavande ou de chèvrefeuille.

SENTEURS AUTOMNE

Les parfums "chyprés", épicés, à la fois sensuels et piquants, vibrent à la chaleur des nuances de l'AUTOMNE. Senteurs tenaces de jasmin, tubéreuse ou gardénia, herbes suaves et bois précieux, qui s'offrent au mystère des vapeurs d'encens et de musc. Odeurs de girofle, cannelle ou muscade que côtoient les notes animalisées de rat musqué, de castor ou de chevrotain sur fond de mousses de chêne vert.

SENTEURS HIVER

Les flagrances puissantes, inventives ou chaudes, par opposition aux tons froids, répondent à merveille aux couleurs franches et contrastées de l'HIVER. Leur goût commun pour la distinction et la provocation met en scène des notes orientales de cèdre, patchouli ou santal, des parfums ambrés et fleuris et toutes les senteurs d'avant-garde.

Votre parfum vous offre une vraie fête des sens; exercez votre nez à vos couleurs !

NOTES DE PRINTEMPS

Fidji de Guy Laroche
Eau d'Hermés
Vent Vert de Balmain
Alliage d'Esthée Lauder
L'Eau de Campagne de Sisley
Diorama de Dior
Aria de Missoni
Trésor de Lancôme
Nina de Nina Ricci
Mûre et Musc de l'Artisan Parfumeur
Nino Cerruti de Cerruti
Grey Flannel de Geoffrey Beene

ODEURS COLORÉES DE L'ÉTÉ

Arpège de Lanvin
Paris d'Yves Saint Laurent
Kenzo de Kenzo
Soir de Paris de Bourgeois
White Linen d'Estée Lauder
Joy de Patou
Air du Temps de Nina Ricci
Anaïs Anaïs de Cacharel
Christalle de Chanel
Jour de Fête ou
Eau des Merveilleuses de l'Artisan Parfumeur
Tactics de Shiseido

ACCENTS D'AUTOMNE

Mitsouko de Guerlain
Quadrille de Balenciaga
Cabochard de Grés
Musk d'Houbigant
Coco de Chanel
Davidoff de Davidoff
Poison de Christian Dior
Deneuve par Catherine Deneuve
Bysance de Rochas
Alchimie Pourpre de l'Artisan Parfumeur
Xeryus de Givenchy
Acteur d'Azzaro

PARFUMS AUX COULEURS DE L'HIVER

Opium d'Yves Saint Laurent
Vol de nuit de Guerlain
Shocking de Shiaparelli
Paloma de Paloma Picasso
C'est la vie de Christian Lacroix
Diva d'Ungaro
Calandre de Paco Rabanne
Rose de Cardin
Loulou de Cacharel
Orchidée Blanche de l'Artisan Parfumeur
Drakkar Noir de Guy Laroche

Cette classification n'est pas exhaustive, ni figée. A vous de mêler de nouvelles senteurs pour rehausser ou adoucir le choix de votre harmonie. Couleurs et odeurs vous habillent d'un même corps et signent votre séduction.

COULEUR ET DÉCORATION

On ne vit pas de la même façon dans une pièce peinte en blanc ivoire, rouge rubis ou bleu indigo.
La couleur exerce son influence jusque dans votre intérieur. En matière de décoration, votre choix de couleurs va dépendre, avant tout, de la fonction que vous réservez à vos différents espaces de vie. S'interroger sur ce que l'on souhaite faire dans un endroit donné, cela permet de mieux sentir les tonalités nécessaires. Choisir le rouge, par exemple, pour peindre sa cuisine, alors qu'on aime particulièrement s'attarder à table et y recevoir ses amis, risque de très vite vous décevoir; le rouge s'adapte mieux, du fait de son caractère excitant et assez envahissant, aux ambiances de cuisine rapide où les sandwiches sont plus souvent à l'honneur que le pot-au-feu. Le beige, l'abricot ou le bois donneront plus envie de s'y attarder.
La lumière sera, également, un paramètre important dans votre décision; les pièces exposées au nord, donc plus sombres, exigent des teintes ou des matières plus chaudes, plus lumineuses, que celles dans lesquelles le soleil rentre à flots.

Quelques règles élémentaires :
Les teintes vives s'emploient avec précaution pour souligner ou mettre en valeur certains objets comme un tableau, un meuble, des coussins ou des bibelots. Utilisées à grande échelle, elles risquent de lasser, voire même d'agresser.
Les nuances douces et claires s'utilisent plus facilement sur une grande surface, elles vont servir d'écrin pour tous les détails qui pimentent et personnalisent votre intérieur.
Attention aux "cassures" de couleurs d'un lieu à l'autre ! Un lien d'harmonie entre toutes les pièces est toujours plus agréable à vivre.
Les couleurs créent l'atmosphère et les parfums d'ambiance

vont y ajouter leurs notes subtiles de senteurs choisies ton sur ton ou en contraste avec l'environnement. Pulvérisés, diffusés ou tout simplement répartis en pots pourris de fleurs ou d'herbes, ils se font accueillants et traduisent l'âme de votre intérieur.
"Odeurs fruitées et légères pour votre salle à manger, notes fraîches et discrètes pour compenser un décor chargé et coloré, l'ambre ou le vétiver dans un intérieur trop sage"*.
Les couleurs de votre saison vous aideront à trouver les quelques notes personnelles que vous glisserez, ici ou là, et à réaliser, pourquoi pas, un environnement à vos couleurs.

Selon vos goûts,
jouez la couleur à travers
les quatre saisons !

*L'Artisan parfumeur.

Les couleurs du PRINTEMPS évoquent la fraîcheur, la tendresse et la gaieté. Elles apporteront beaucoup de chaleur et de luminosité. Les teintes fruitées et acidulées mêlées à l'ivoire ou à l'écru donnent "bonne mine" à votre intérieur. Nombreux tons de blond qui s'harmonisent aux styles rustiques ou contemporains. Vous les choisirez pour créer une ambiance chaleureuse et conviviale dans votre salon, reposante et ensoleillée dans votre chambre à coucher.

Les couleurs de l'ÉTÉ traduisent une impression de douceur, de sérénité mêlée d'une pointe de romantisme. Une présence importante de bleu, calme et tranquille, tout indiqué pour les chambres à coucher. D'autres nuances comme le rose ou le vert clair reculent et agrandissent l'espace. Le rouge frais et gourmand suscite un certain dynamisme. Décors pastel pour les chambres d'enfants. Fraîcheur chaleureuse en accord avec les matières naturelles, les bouquets de fleurs champêtres et les ambiances jardin.

Les couleurs chaudes de l'AUTOMNE, à base de jaune et de brun, donnent un sentiment de confort, de chaleur et de bien-être. Elles rapprochent les différents éléments d'un espace, diminuent les volumes et créent une certaine intimité. Les tons sourds, ocre, havane ou terre cuite se jouent avec prudence et légèreté pour ne pas alourdir; Vous les associerez aux meubles en bois, aux canapés en cuir, aux styles anciens ou exotiques soulignés de cuivre ou de laiton. Elles réchaufferont des pièces trop grandes et rendront votre salon accueillant.

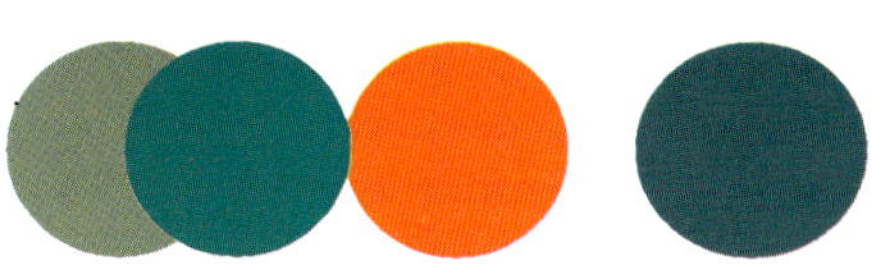

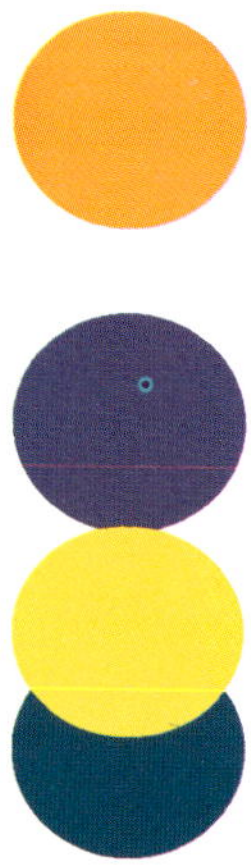

Les couleurs de l'HIVER traduisent la recherche d'une certaine élégance, le goût des ambiances toniques et colorées avec une pointe d'audace. Nombreux tons francs et contrastés sur fond gris, blanc ou noir qui s'associent à un style résolument moderne, dépouillé de tout artifice ou d'avant-garde visant l'équilibre de l'aspect fonctionnel et esthétique. Le dynamisme d'une pièce ainsi décorée peut être renforcé par des jeux de lignes graphiques, des motifs stylisés ou des effets de matériaux comme le verre, la laque ou le métal.

AU-DELÀ DES SAISONS

Vous avez une envie irrésistible de changer de couleurs, de passer d'un extrême à l'autre, de porter quelque chose qui se voit, en oppositon totale, pourquoi pas, avec votre naturel. Allez-y, osez, à vous, les mélanges insolites, les chocs de couleurs, les accords subtils entre deux saisons, transgressez joyeusement, tout en sachant pourquoi vous le faites.

Mieux connaître les effets des couleurs sur votre visage, ne doit pas être prétexte à vous laisser enfermé dans votre saison. Bien au contraire, cette découverte vous permet d'éduquer, d'enrichir votre réaction intuitive, émotionnelle et sensuelle à la couleur. Elle vous apprend à mieux reconnaître vos couleurs, les interpréter en fonction de votre sensibilité, de votre personnalité et de vos humeurs. Vous réussirez à changer, à inventer de nouvelles harmonies tout en restant en parfait accord avec vous -même. Vous apprécierez, peu à peu, la valeur de chaque nuance, accepterez plus facilement les couleurs des autres en leur portant un regard plus ouvert. Vous refuserez, désormais, de subir leurs effets d'une manière passive pour en profiter pleinement et jouer plus librement avec eux.

Vivez la recherche de vos meilleures nuances comme une expérience active, en oubliant tous les mauvais clichés et les a priori que vous pouviez avoir et la couleur sera, alors, votre plus belle récompense.

Colorscopies

Analyse-couleur
de quelques visages célèbres...

QU'EST-CE QUE LA COLORSCOPIE® ?

Développée, depuis quelques années en France, auprès des coiffeurs, des maquilleurs, des créateurs de prêt-à-porter, des opticiens, des photographes, la COLORSCOPIE® analyse le rôle de la couleur sur l'image des individus et recherche les nuances qui révèlent le mieux leur personnalité.
Vous avez vu combien la couleur pouvait donner d'expression aux visages; elle agit sur la douceur ou la profondeur du regard, l'éclat du teint et la brillance des cheveux. Elle crée un effet “bonne mine” immédiat.
Chaque visage est unique et s'harmonise plus volontiers à certaines couleurs. Cette analyse, de plus en plus demandée par les personnes en contact avec le public, devient indispensable quand il s'agit de trouver le vêtement idéal pour un passage télévisé ou l'adéquation d'une tenue avec un personnage de cinéma.
La COLORSCOPIE® cherche à valoriser, par un choix adapté de couleurs , le naturel d'un visage et la vérité d'une image.
Anne Sinclair, Merryl Streep, Bernard Rapp et toutes les personnalités que vous allez découvrir affichent haut leurs couleurs. Découvrez comment ils nous séduisent avec sincérité, comment ils expriment leurs couleurs avec naturel et simplicité.

La Colorscopie vous livre le secret de la saison de quelques visages célèbres.

ALAIN DELON

Elu, par une majorité de Françaises, l'homme le plus séduisant de l'année*, Alain Delon affirme une forte personnalité mêlée d'autorité, de tendresse et de mystère.
Ses couleurs se veulent intenses, sans demi-teintes, blanc total ou noir intégral.
Des notes colorées de jaune vif, rouge rubis, bleu outremer ou violet intense répondent au charme de son regard.
A éviter : tous les tons de beige, moutarde ou kaki qui assombriraient ses yeux et jauniraient son teint.

 *Sondage Elle - Janvier 91

Anne Sinclair

Quel merveilleux exemple de personnalité colorée nous donne-t-elle ! Pas une seule fausse note n'entoure ses prestations télévisées ! Choix de couleurs éclatantes et radieuses qui mettent si bien en valeur son visage clair, ses cheveux bruns et son regard perçant.
Habillée de noir, bleu vif, rouge intense ou vert émeraude, son image nous convainc. Elle affiche une séduction naturelle et authentique en harmonie totale avec ses couleurs. Des tons feutrés, mordorés, bruns ou orangés gommeraient toute sa fraîcheur et son dynamisme.

Merryl Streep

Visage sensuel aux traits d'une finesse et d'une transparence inouïes, auréolé de cheveux blonds ("Le choix de Sophie"), roux ("Out of Africa", "La Maîtresse du Lieutenant français") ou châtains ("La brûlure").

On ne saurait brusquer une telle expression par des couleurs trop franches : blanc, rouge ou bleu.

Son regard, d'une couleur presque indéfinissable, appelle des tons lumineux et délicats : blanc crémeux, ivoire, nacre, vanille, paille, bleu turquoise, aigue marine, vert Nil.

Elle porte avec grâce les teintes tendres privilégiant les roses doux et fragiles comme le rose thé et les harmonies gaies et pétulantes comme le jaune poussin ou soleil.

PRINTEMPS

ANDRE DUSSOLLIER

Tout le monde garde en mémoire le rôle du stewart drôle, désinvolte et touchant qu'il jouait dans le film "Trois hommes et un couffin".

Son visage tendre et gai, à la fois, porte à merveille les couleurs du printemps : jaune clair, bleu lumineux, brun doré, vert anis ou rose corail.

Ses cheveux roux clair s'harmonisent aux tons chatoyants de rouge vermillon ou d'abricot.

Pour lui, pas de noir, de rose vif ou de bleu gitane qui lui donneraient un air bien trop ordinaire.

GUILLAUME DURAND

La présentation du journal télévisé (sur la 5), telle que Guillaume Durand la conçoit, simple et décontractée, correspond bien au style de ses couleurs ÉTÉ.
Tous les tons de bleu, vert bleuté ou marine grisé mettent en valeur ses yeux clairs et donnent de lui une image naturelle et raffinée. Des accents de couleurs empruntés au PRINTEMPS comme le vert turquoise ou le jaune clair lui apportent une note indispensable de fantaisie.
Quant à ses cravates, quelle que soit leur couleur, il aurait avantage à éviter les gros pois, qu'il affectionne particulièrement, au profit de petits pois ou de motifs plus linéaires qui allongeraient son visage.

Jane Birkin

Son visage, tendre et sensible d'une fraîcheur absolue nous séduit. Comme de nombreux ÉTÉ, Jane Birkin se sent à l'aise dans des vêtements confortables d'un style classique et naturel.

Elle aime la discrétion et refuse de jouer les stars. Pour elle, pas de couleurs franches ni contrastées, mais des pastels doux et limpides, bleu, rose ou gris pour animer son regard.

Les couleurs qui lui vont bien : rose magenta, bleu lavande, rouge cerise, turquoise, vert émeraude, jaune citron.

Bernard Rapp

Ses couleurs de prédilection, jaune d'or, vert olive ou brun doré s'accordent à l'ambiance chaleureuse des décors de "l'Assiette anglaise" ou de "Caractères".
Son teint cuivré, ses yeux d'un brun lumineux et ses cheveux blonds aux reflets dorés appellent inévitablement des nuances chaudes et moelleuses : safran, rouge orangé, abricot, corail, saumon, vert mousse, vert pré ou brun havane. On ne saurait trop lui déconseiller de changer de style, tant le sien lui va bien ; en tous cas, pas de blanc pur pour lui non plus ou de rose clair. Le gris, pourquoi pas, relevé de tons de bleu lumineux, vermillon ou jaune d'or.

MARLENE JOBERT

D'une personnalité fascinante, Marlène Jobert affiche haut ses couleurs. Ses cheveux roux, son teint de pêche et son regard bleu vert, lui confèrent un charme particulier.
Toutes les nuances dorées, sourdes et intenses : vert bouteille, chocolat, bleu pétrole, rouge orangé ... lui vont à ravir. Elle joue les ambiances de l'automne avec beaucoup d'élégance, dans un style naturel ou sophistiqué.
Elle porte bien le noir tant qu'il s'accompagne de touches de couleurs jaune d'or, orange ou vert chartreuse.
A éviter : le blanc pur, rose bonbon ou gris acier qui blanchiraient son teint et la feraient passer inaperçue.

Couleur et communication

On n'a pas encore découvert
ce langage qui pourrait exprimer d'un seul coup
ce qu'on perçoit en un clin d'oeil.

Nathalie Sarraute

TOUT EST LANGAGE

La communication est l'essence même de la vie. Elle organise les échanges, les rencontres de toute nature et s'exprime, d'abord, autour d'une relation objective; c'est le langage parlé et écrit.

Mais quel souvenir, quelle résonance gardons-nous des mots ? Il semble que dans la mémoire d'une situation ou d'un discours, ils représentent assez peu de choses comparativement à la mémoire que nous avons d'une ambiance, d'une image, véritable *dimension symbolique d'un message.*

Ce sont un geste, un regard, un sourire, une tenue vestimentaire, un style, une couleur enfin qui vont, en quelque sorte, soutenir, crédibiliser le contenu du message, nous aider à sa compréhension et en fixer le souvenir.

Même sans parler, ne communique-t-on pas ?

La simple apparition d'un individu dans une pièce, son silence, ne sont-ils pas, déjà, signes de communication ?

Le langage verbal concerne les mots, le non-verbal s'attache à la traduction visuelle, auditive ou gestuelle de ce qui est dit. Au premier coup d'oeil, on voit, on ressent, on adhère à un message ou, au contraire, on le rejette, on s'en méfie; après seulement, vient le temps des réflexions, des interprétations qui, souvent, reconnaissons-le, nous font dire que la première impression était la bonne. L'impact du langage non verbal est immédiat et notre corps reste à l'origine de tous nos effets de communication.

Les habitués d'une émission télévisée le savent bien quand ils avouent leur inquiétude concernant leurs problèmes de coiffure ou d'habillement avant d'affronter le verdict de la caméra. Les hommes politiques sont aussi, sans arrêt, confrontés à ce souci d'apparence; beaucoup d'entre eux ont appris à leurs dépens combien l'impact de leur costume pouvait perturber, gêner ou au contraire rassurer leur auditoire. Dans un sondage réalisé par Francoscopie* 78% des cadres considèrent que l'allure générale, le look d'un homme joue un rôle important dans sa vie professionnelle (90% pour la femme).

L'image de soi, le souci de son apparence sont, désormais, admis comme des paramètres importants de la communication non verbale.

Une forme de langage qui, rappelons-le, perdrait tout son impact si elle se trouvait dissociée de son contenu. Une communication réussie vise la cohérence d'un discours, l'harmonie entre le dit et le non-dit.

"Méfie-toi de l'homme dont le ventre ne bouge pas quand il rit" nous dit ce dicton cantonais .

La recherche d'une meilleure apparence ne peut être motivée que par le souci de servir son discours. Toutes les incohérences perçues, à ce niveau, desservent totalement la crédibilité du message. Au théâtre, un bon comédien est celui qui, justement, réalise cet accord pour faire vivre son personnage. Une "cohérence de surface" ne tient jamais très longtemps; on peut simuler un sourire, mais il glisse souvent en coin. Une personne qui nous met mal à l'aise est souvent celle qui émet des messages contradictoires. C'est le cas, par exemple, du sourire commercial ou de l'amabilité forcée qui nous fait dire : "trop poli pour être honnête" ou encore celui du représentant vantant les mérites d'un produit ou d'un service et qui, sur lui, n'inspire que tristesse et désolation. En s'efforçant d'employer tous ces moyens d'expression pour signifier le même message, on va communiquer plus facilement la sincérité d'une attitude, l'authenticité d'une personne**.

*Francoscopie
**Comprendre la PNL

LA COULEUR EST LANGAGE

Avec le langage non verbal, nous sommes dans le monde des perceptions, la première d'entre elles, la mieux partagée, la plus sollicitée étant la perception visuelle.
Imaginez que 2/3 des informations extérieures parvenant au cerveau dans une journée passent par le système du canal visuel. La couleur excite, bien sûr, ce sens de la vision. Elle donne vie au discours, au personnage. Elle anime un message et le rend plus perceptible. La couleur est loin de n'être seulement qu'une simple référence sur un nuancier, c'est, avant tout, nous l'avons vu, une sensation qui nous permet de communiquer.
Elle fait appel à tous nos sens : visuel, mais aussi auditif, tactil ou gustatif. Certaines personnes, par exemple, plus sensibles à la tonalité d'une voix, aux sonorités des phrases employées comprendront, au regard de la couleur, l'expression de notes graves et aigües et chercheront à retrouver l'image d'une symphonie. D'autres, plus près des sensations tactiles ou gustatives, tâteront le moelleux ou la finesse d'un bleu et n'hésiteront pas à goûter la saveur doucereuse du rose. Quel que soit notre système sensoriel, la couleur sait toujours se faire comprendre.

La recherche de votre saison vous a permis d'analyser le sens de vos couleurs et la réalité de votre intuition. Elle vous a poussé, au-delà de vos goûts et de vos habitudes, à considérer la couleur comme une sensation, à sentir ses effets sur vous-même et sur votre entourage. Son langage donne un sens à votre message, une ambition à votre image.

La couleur vous offre
votre plus belle liberté d'expression.

OUVRAGES CITÉS

P.12, Sonia Rykiel - Ed. Herscher.
P.12, Magazine Marie Claire. Article "Leçon de mode" de Lucienne Mardoré.
P.22, La communication c'est comme le chinois, cela s'apprend d'Annick Oger-Stefanink - Ed. Rivages les Echos (1987).
P.32, Vivre avec ses couleurs de Dominique Andrade et Brigitte Gautier - Ed. Dessain et Tolra (1984).
P.32, L'Art de la couleur de Johannes Itten - Ed. Dessain et Tolra.
P.53, Présence de la couleur de Frans Gerritsen - Ed. Dessain et Tolra 1983.
P.54, P.55, P58, P.62, Couleur et communication de Jean-Paul Favre et André November - Ed. ABC Zurich (1979).
P.58, ABC des couleurs de Daniel Beresniak - Ed. Jacques Grancher (1987).
P.103, Histoire morale et technique du vêtement- Ed. Bordas.
P.62, Le langage des images - Brochure édité par Kodak.
P.67, P.70, P.72, Le langage des couleurs de René-Lucien Rousseau - Ed. Dangles (1985).
P.67, Traité des couleurs de Goethe - Ed. Triades (3°édition 1983).
P.68,P.74, Des couleurs symboliques dans l'antiquité, le moyen-âge et les temps modernes de Frédéric Portal - Ed. de la Maisnie (1984).
P.69, Quelles sont vos couleurs ? Guide du stage "Expression-couleur" de l'Oréal réalisé par Colorscopie® (1989).
P.136, magazine "Ça m'intéresse" - Article : Le pouvoir invisible des odeurs réalisé par Emmanuel Bacri et Rica Etienne.
P.72, Eloge du rose d'Alexandre Bonnier publié en partie

dans le N°11 d'Information Couleur - Centre Français de la Couleur.
P.120, Centre d'information de l'éclairage - Eclairage de la salle de bain n°2.
P.128, p.176, Francoscopie de Gérard Mermet - Ed. Larousse (1988).
P.135, "Mon portrait, mes couleurs c'est tout moi", titre de l'album-photo réalisé par Pictaphot et Colorscopie®.
P.145, Sondage Elle sur l'homme le plus séduisant de l'année (Janvier 1991).
P.176, Communiquer autrement de Thomas Devers - Les éditions d'organisation (1985).

BIBLIOGRAPHIE

ABC de la morphopsychologie de Carleen Binet - Ed. Jacques Grancher (1989).
A rainbow in your eyes par Bernice Kentner - Ed. Kenkra Publishers (1981).
Bibliographie de la couleur en France 1983 à 1987 - Ed. Centre français de la couleur.
Comprendre et créer la couleur de Hajo Düchting - Ed. Dessain et Tolra (1990).
Comprendre la P.N.L. de Catherine Cudicio - Les éditions d'Organisation (1986).
Colour for men de Carole Jackson - Ed. Piatkus (1984).
De la séduction de Jean Baudrillard - Ed. Folio (1989).
Des couleurs pour nos écoles - Ed. Ministère de l'éducation nationale.
Histoire des couleurs de Manlio brusatin - Ed. Flammarion (1987).
Humeur de mode - Collection Autrement - Ed. Franco Maria Ricci (1984).
Information-Couleur : Revues du Centre Français de la Couleur.
Jouez les couleurs de Mary Quant - Ed. Compagnie internationale du livre (1985).
La puissance des couleurs de Dorothée Mella - Ed. J'ai lu (1989).
La vision des couleurs du Dr Philippe Lanthony et d'Irène Tavernier - Fédération française de l'imprimerie et des industries grahiques (1989).
La pratique de la couleur de Jacques Fillacier - Ed. Dunod (1986).
La couleur de Maurice Déribéré - Ed. Que sais-je ?
La vision d'André Perceval - Presses universitaires de France.
La couleur, signe d'alliance de Claude Bellegarde – Ed. Galerie Bernard Davignon.

La Séduction de Maurice Olender et Jacques Sojcher - Ed. Aubier Montaigne.
Le maquillage de Mireille Verhnes - Ed. Solar (1982).
Les couleurs de la Maison - Hors série du journal de Particulier à Particulier (1990).
Les Couleurs, le Corps et l'Esprit de Annie Wilson et Lilla Beck - Ed. L'originel.
Le Color test de Max Lüscher - Ed. Aubanel (1985).
Maquillage de Jean-Pierre Fleurimon - Ed. Galilée-Fleurimon (1984).
Pour quelques gouttes de parfum de Marianne Lichtenberger - Gentleman Editeur.
Rouquin, Rouquine de Xavier Fauche et Lucien Rioux - Ed. Ramsay.
Rouge, bien rouge de Christian Bruel - Ed. Gallimard (1986).
Science et Couleur : revues de l'association Science et Couleur.
Six chapeaux pour penser d'Edward de Bono - Interéditions (1987).
The colour and style file de Barbara Jacques - Ed. Piatkus (1989).

REMERCIEMENTS

Je tiens à remercier, tout particulièrement, les personnes suivantes pour l'aide précieuse qu'elles m'ont apportée :
Isabelle Gautier, directrice artistique du livre.
Emile Bravo, illustrateur.
Kate Lys, photographe et auteur des poèmes sur les saisons.

Egalement, le Centre Français de la Couleur pour sa bibliographie très riche sur la couleur.
Paul Rodriguez, publicitaire et Xavier Larramendy, consultant.

PHOTOS

Je remercie les sociétés et les photographes suivants pour leur aimable participation :

KATE LYS p.34, 35, 38, 39, 42, 43, 46, 47, 56, 57.

BENETTON, Oliviero Toscani, p.37 en haut à droite, p 41 en haut à droite, p.49 en bas à droite, p.106, 107, p.110, p.135.

LOLITA LEMPICKA, J.L. Coulombel, p.37 en haut à gauche, p.41 en haut à gauche, p.45 en haut, à gauche et à droite, p.49 en haut à gauche, p.114 à droite, p.118.

JEAN-CHARLES DE CASTELBAJAC, Pascal Therme, p.37 en bas à droite, p.45 en bas à gauche, p.110 en haut à gauche, p.114 en haut à gauche, p.118.

L'OREAL p.24 et 25.

L'OREAL-COIFFURE (Stage "Expression-Couleur") p.63, Studio Pierre au milieu, Hervé Lepère en haut, Eurima en bas.

KENZO, Jean-Philippe Decros, p.41 en bas à droite, p.49 en haut à droite, p.107, p.111, p.115, p.119.

RODIER, Gilles Tiberghein, P.41 en bas à gauche, p.106. Quentin Bertaux p.45 en bas à droite, p.114.

CHRISTIAN LACROIX, p.119.

CHRISTIAN DIOR, Michael O'Connor p.107, Robert Schletter p.115.

LAURA ASHLEY, p.49 en bas à gauche, p.144 au milieu,.p.148 en bas.

CHASSE GARDÉE, p.37 en bas à gauche.

HABITAT, p.151, p.144 en haut, p.152, Soleïado p.156 en haut, p.157 (Toile et sculptures : Chantal Nau).

DESCHEMAKER, p.150, p.152 en haut à gauche, p.154.

NOBILIS, p.151 en haut, p.142, p.145, p.149, p.153, p.155.

VENILIA, Studio Publimages, Collection Cacharel de Vénilia, p.143, p.147, p.148 à gauche.

MARWAY, p.144 en bas, p.148 au milieu.

ROMANEX de BOUSSAC, Brigitte Reyre, p.146.

PIERRE FREY, p.148 en haut.

ROCHE ET BOBOIS, p.152 en bas, p.156 en bas.

COLORSCOPIE®

Brigitte GAUTIER excerce des activités de conseil, de formation et de communication auprès des entreprises.
Elle propose avec COLORSCOPIE® un programme **d'analyse-couleur** pour toutes les personnes qui souhaitent améliorer la qualité de leur image (développement personnel, accueil, conférences...). Elle anime des séminaires de formation professionnelle sur le **conseil en couleurs** pour les coiffeurs, les maquilleurs, les photographes, les opticiens, les créateurs ou diffuseurs de prêt-à-porter.
Vous pouvez obtenir tous renseignements et commander le nuancier de votre saison en écrivant à :

COLORSCOPIE
Brigitte GAUTIER
BP.32
78290 Croissy sur seine

Illustrations : *Emile BRAVO*
Conception et réalisation
graphique : *Isabelle GAUTIER*

Imprimé par: Imprenta Hispano Americana, S.A.
Sant Boi, Barcelone
Dépôt Légal: B. 20.716-1991
Printed in Spain